DILYN 'SGWARNOG

CW01072778

DILYN 'SGWARNOG

ANNES GLYNN

Gwasg
Gwynedd

Argraffiad Cyntaf — Mawrth 2001

ISBN 0 86074 173 7

Cyhoeddwyd ac argraffwyd gan
Wasg Gwynedd, Caernarfon

Diolch

*i Gyngor Celfyddydau Cymru am yr ysgoloriaeth i
ysgrifennu'r nofel hon*

i Lys Eisteddfod Môn am yr hawl i'w chyhoeddi

i Wasg Gwynedd am eu gwaith glân a gofalus

*i fy nheulu am yr anogaeth ac am fy nghefnogi bob cam
o'r ffordd*

ANNES GLYNN

Pennod 1

Nos Wener. Noson i ymlacio'n ddiog, braf ar ôl pum diwrnod caled a wnaeth iddi deimlo fel pe bae hi wedi cael ei dyrnu drosti.

Bitsh o wythnos. Yr erlyniad yn penderfynu galw dau dyst newydd ar fyr rybudd, ei holl egni yn mynd i dawelu nerfau brau ei chleient, heb sôn am ailfeddwl ac ailgynllunio holl gyfeiriad ei hachos. Ac ar ben y cwbl, ganol yr wythnos, teiars ei char yn cael eu torri'n rhubanau a hithau'n gorfod cael tacsi i'w chario hi a'i llwyth siopa o'r archfarchnad am naw o'r gloch y nos.

Ond roedd hi bellach yn nos Wener. Teiars newydd ar y Clio, er nad oedd yr heddlu'n ddim nes i ddal y diawl a ddarniodd y rhai gwreiddiol, ei chlient dan glo ond am lai o flynyddoedd na'r disgwyl, diolch i'w dawn perswadiol hi. Ac ymhen yr awr byddai Meic yn cyrraedd adre wedi dau ddiwrnod mewn cynhadledd yn Llundain.

Teimlai ei hun yn dechrau llacio i'w bodiau. Bu'r bath ewynnog, poeth yn help ac wrth iddi gerdded yn ddioglyd i gyfeiriad cegin fechan ond moethus y fflat, ei hwyneb yn hollol noeth o'i golur arferol, lapiodd ei siaced nos sidanaidd yn dynnach o'i chwmpas. Cael cysur plentynnaidd bron wrth deimlo'r defnydd synhwyrus yn mwytho ei chorff a oedd yn feddal gan olew.

Daeth dŵr i'w dannedd wrth iddi glywed arogl y cyw iâr tikka massala a darodd yn y popty i'w gadw'n gynnes yn syth *ar ôl cyrraedd adre. Doedd dim byd i guro prydau take away y Gandhi. Awchiai am suddo ei dannedd yn y bara Nan, bwyta'r cyw yn syth o'i flwch arian, a theimlo llyfnder oer y raiza yn lleddfu'r brath poeth ar ei thafod. Agorodd y Chardonnay gwyn a fu'n oeri am bwl yn y rhewgell.*

Taro'r teledu ymlaen. Rhoi ei thraed i fyny ar y bwrdd coffi a syllu'n ddi-weld am ychydig ar y sgrîn o'i blaen. Sioe gwis deulu a dau dîm o'r rheini am y gorau yn trio gwneud mwy o ffyliaid ohonyn nhw eu hunain na'r ochr arall dan ddylanwad byddarol y cyflwynydd gorffwyll. Adloniant papur wal go iawn…

Roedd y credits yn dechrau rowlio i fyny'r sgrîn, y ddau deulu'n chwifio eu dwylo fel pethau o'u coeau a'r massala wedi ei hen gladdu cyn iddi feddwl edrych ar ei pheiriant ateb. Fel rheol byddai wedi ei daro ymlaen toc wedi iddi gau'r drws o'i hôl ond heno roedd ei blinder a'i hysfa am fwyd wedi chwalu ei threfn yn chwilfriw.

Pwyso'r botwm.

'Hei, cyw! Jest ffonio i ddeud y bydda'i rhyw gwpwl o oria'n hwyrach yn cyrra'dd adra. Y cyfarfod ola 'di mynd 'mlaen yn hirach na'r disgw'l. Mi ga'i bryd sydyn cyn cychwyn. Paid ag aros i fyny amdana'i. Ond cadw'r gwely'n gynnas. Caru ti…' Gwenu'n ddiog wrth ddychmygu'r croeso a gawsai ganddo wedi iddo gyrraedd adre. Byddai'n werth disgwyl ychydig oriau yn ychwanegol am hynny.

'O!… helo, Jan…' Seibiant nerfus, crafu gwddw. Nid oedd ei mam byth wedi dod i arfer â siarad â'r peiriant. 'Gas gin i glywed yr hen negas 'na a finna'n teimlo 'mod i'n siarad mewn rhyw wagle,' fyddai ei chwyn ddolefus. Roedd hi'n trio ei gorau i fygu ei hanesmwythyd yn awr. 'Dim ond ffonio i weld sut oeddat ti. Cysyllta pan gei gyfla. Mi fasa'n braf cael sgwrs.

Ym... 'na'r cwbwl dwi'n meddwl...' Mygodd y pigiad o euogrwydd a deimlodd wrth sylweddoli fod bron i wythnos wedi mynd heibio ers iddi dorri gair gyda'i mam. Gwnâi iawn am hynny bore fory.

'Dach chi ddim yn fy nabod i...' Llais diarth. Mwy o sibrwd a dweud y gwir. Sibrwd bygythiol. 'Ond dwi'n eich nabod chi'n o dda...' Anodd dweud ai dyn neu ferch a recordiwyd ar y tâp. 'Dach chi'n meddwl eich bod chi mor glyfar, yn eich siwtia ffansi a'ch car bach crand. Ond be' ma' car yn dda heb olwynion?...Y?...' Hen chwerthin crafog, cras.

Safai yn stond ar ganol y 'stafell fyw, y llun yn dal i ddawnsio ar y teledu ond y sain bellach wedi ei ddiffodd.

'Mi welsoch chi be' fedra'i 'i neud i deiars hefo nghyllall yn do? Y siwt wlân ddu 'na fydd nesa. Ac o dan y siwt, y flows wen 'na ac o dan honno...Wel... dwi'n siŵr fod gynnoch chi rwbath dipyn delach i'w ddangos i mi...'

Roedd y massala, y raiza a'r gwin yn bygwth llosgi cefn ei gwddw wrth i'w stumog gorddi'n sydyn, wyllt yn sŵn y neges. Teimlai ei cheg yn grimp, ei thafod yn chwyddedig. Crynai'n ddireol er gwaetha'r gwres myglyd. Roedd ei thraed wedi eu glynu yn yr unfan. Llyncodd y surni yn ei cheg yn swnllyd ac fel claf yn codi o'i wely ar ôl gorwedd am rai dyddiau, cerddodd yn herciog i gyfeiriad y ffenest fwa. Fyddai hi byth yn meddwl cau'r llenni. Fu heno ddim yn eithriad. Ond, â sŵn y sibrwd cïaidd yn dal i rygnu ar ei chlyw, estynnodd am y deunydd cotwm trwm a'i dynnu yn raddol, raddol ar draws y ffenest i'w chuddio rhag y gwallgofrwydd milain a lechai rhywle y tu allan yn y düwch mwll.

Cip sydyn ar ei wats Rolex. Fyddai Meic ddim adre am sbel eto. Doedd wiw iddi boenydio ei mam. Roedd ei chwaer newydd gychwyn am benwythnos i Rydychen...

Ceri! Byddai Ceri, fel hithau, yn siŵr o fod gartre heno. Cofiai hi'n sôn na fedrai wynebu noson yn y theatr heno a'i bod am swatio gartre o flaen y tân. Pledio PMT. 'Ma'n rhaid 'mod i'n dechra mynd yn feddal, 'rhen Jan! Tasat ti wedi deud wrtha'i rhyw ddwy flynadd yn ôl y baswn i'n 'mostwng i dricia o'r fath mi faswn i wedi mynd yn wallgo!' Gallai glywed ei chwerthin iach yn canu yn ei chof… Diolch am Ceri. Gallai fod yn sicr o glust a chydymdeimlad yn y fan honno.

Ond cyn iddi fedru cyrraedd y ffôn roedd wedi dechrau canu. Mygodd yr awydd cryf i gipio'r derbynnydd i fyny ac arhosodd yn gwbl lonydd, ei choesau wedi eu plygu oddi tani ar y soffa a'i breichiau'n gawell amddiffynnol o'i chwmpas. Anadlu'n gyflym, ysgafn.

'Helo! Dydi Jan a Meic ddim gartra ar hyn o bryd. Ond os hoffech chi adael neges…'

'Croeso adra'r hen dwrna bach ffroenuchal… Waeth i chdi heb â chau'r cyrtans arna'i, sti. Os na fedra'i dy weld ti drwy'r ffenast mi fedra'i dy weld ti yn fy nychymyg. Ac mae'r dychymyg 'ma'n un byw, un byw iawn hefyd…'

Cododd Jan y derbynnydd, pwyso'r botwm i ddatgysylltu'r alwad a lluchio'r ffôn a'r peiriant i ben pellaf yr ystafell fel petaent yn llosgi ei dwylo. Oddi allan clywai gamau trwm, pendant yn nesáu at ddrws y fflat…

'Watshia rhag ofn 'i fod o'n brathu!' Cododd Saran ei phen yn sydyn o grombil ei chyfrol drwchus, clawr meddal a rhythodd o'i blaen am eiliad fel pe bae wedi gweld ysbryd. Yna teimlodd law gyfarwydd ar ei hysgwydd ac anadl wisgi mwy cyfarwydd byth yn sgeintio ar draws ei hwyneb.

'Blydi hel, Idw! Be' dach chi'n drio'i roi i mi? Hartan?'

'Mi fasa'n well gin i roi rwbath dipyn mwy difyr i ti, cyw.'

'Idw!'

Gwenodd Saran ar Idris Wyn, 'hac' y *Journal*, ar ei gwaethaf. Yn ystod y ddwy flynedd diwethaf dysgodd nad oedd dim pwrpas gwylltio gydag o a neidio ar ben rhyw focs sebon ffeministaidd i daranu yn ei erbyn. Yn aelod o staff y papur ers bron i ddeng mlynedd ar hugain ac yn tynnu at oed ymddeol, roedd Idw a'i fol cwrw a'i siwmperi pỳg, yn ddigon diniwed yn y bôn. Wrth ei fodd yn siarad yn fudur ac yn gwneud ensyniadau amheus ond y fo fyddai'r cyntaf i chwilio am y drws petai unrhyw ferch yn penderfynu gweithredu ar ambell un o'i awgrymiadau blysiog. Mae'n debyg mai'r unig godiad a welodd y creadur ers blynyddoedd oedd eiddo'r haul, meddyliai Saran.

Wrth ei wylio yn tanio sigarét gyntaf y prynhawn ac yn estyn am ei lyfr nodiadau a'i ddalennau wedi cyrlio, meddai: 'Cwarfod Cyngor?'

'Ia... blydi is-bwyllgor rhwbath neu'i gilydd. Wn i'm be' sy' ar y diawl 'ma'n anfon rhywun i'r fath le,' meddai gan amneidio tuag at ddesg wag Merfyn, y golygydd newyddion. 'Go brin y ca'i lein heb sôn am baragraff yno. Ond os dwi'n cofio'n iawn mae 'na sleifar o ysgrifenyddas yn cadw cofnodion yna. Coesa fel Monroe. Tin fel...'

'O-ce, o-ce, Idw! Wela'i chi yn nes ymlaen.'

'Ia... Hwyl, 'rhen hogan.'

A llusgodd allan, ei sigarét yn gollwng lludw wrth

iddo fynd a hwnnw'n syrthio'n bowdwr llwyd ar flaenau ei *Hush Puppies* treuliedig.

Prynhawn Iau ar y *Journal*. Fel pob wythnos ers iddi ddechrau yno roedd Saran yn ymwybodol o ryw dawelwch syn a digalon ar ôl yr hwrli-bwrli o ruthro rhifyn arall i'w wely. Eisteddai yng nghanol chwalfa'r swyddfa gyfyng yn rhythu'n ddi-weld ar y sgrîn gyfrifiadur o'i blaen, Jan a'i phroblemau dyrys wedi cael eu stwffio i grombil y bag lledr enfawr a hongiai wrth ei chadair a'r orchwyl o orfod dechrau hel deunydd ar gyfer y rhifyn nesaf yn pwyso arni. Doedd y gwaith o chwilio am ddeunydd portread addas i golofn *Genod Ni* ddim yn rhywbeth a'i cynhyrfai'n ormodol. Pam fod rhaid cael tudalen arbennig ar gyfer merched beth bynnag? Roedd wedi dadlau digon hefo Gwilym Gol ynglŷn â'r mater. Ond i ddim pwrpas. Roedd y dyn fel mul.

O leiaf fe gâi hi'r swyddfa iddi hi ei hun am ran o'r pnawn. Fyddai Gwilym byth yn tywyllu'r lle ar brynhawniau Iau ac roedd Merfyn i ffwrdd ar ryw gwrs tan bore fory. Byddai'r ddau *sub* yn y *Goron* tan hanner awr wedi tri ac roedd Cris, y cyw ohebydd, ar drywydd rhyw *feature* am ffilm oedd yn cael ei chynhyrchu yn yr ardal – eto fyth – ar gyfer y sgrîn fawr. *'Eat your heart out, A.A. Gill!'* meddai Saran yn uchel gan chwerthin yn sychlyd ar ben ei jôc unig.

Cododd i wneud paned o goffi parod, unrhyw beth rhag gorfod dechrau ar waith. Roedd oglau sur chwys a llafur yr oriau diwethaf, yn gymysg ag *aftershave* rhad a saim bagiad tships ei chinio, yn hofran yn yr awyr, gwres myglyd y cyfrifiaduron yn sychu ei ffroenau, yn dechrau creu poen tynn fel feis ar draws ei thalcen...

Canodd y ffôn. Damia fo unwaith!

'Pnawn da. Y *Journal*.'

Prin y gallai glywed y llais y pen arall. Roedd o bron fel sibrwd.

'Ga'i siarad hefo riportar plîs?'

'Fi ydi hi. Saran Huws.'

'O...' Tawelwch. Peswch. Sŵn traffig yn y cefndir.

'Dwi'n ca'l traffarth eich cl'wad chi braidd. Fedrwch chi siarad yn uwch plîs?' Yn dechrau teimlo'n ddiamynedd, ddi-hwyl. Yr ordd yn dechrau pwnio yn ei phen o ddifri rŵan.

'Meddwl o'n i tybad fasa 'na bosib' i ni ga'l sgwrs?' Roedd o'n swnio'n debyg i lais hogyn yn ei arddegau hwyr. Newydd ddechrau siafio, dal i gwffio hefo *acne*.

'Sgwrs... iawn...' Roedd ei choffi'n dechrau oeri a chylchoedd bach seimlyd yn nofio'n chwil ar yr wyneb. 'Fasach chi'n licio i mi eich ffonio chi'n ôl?' Falla mai rhyw *perv* bach oedd o yn cael cic o ffonio genod unig. Meddyliodd am Jan yn crynu yng nghlydwch ei fflat.

'Na, mi fasa'n well gin i'ch cwarfod chi.'

Dyna chwalu'r theori yna'n yfflon beth bynnag.

'O-ce – dowch i'r swyddfa ta. Dach chi'n byw'n y dre?' Argo, mi roedd isio gras a mynadd hefo rhai...

'Yndw... ond... ond mi fasa'n well gin i beidio dŵad i'r offis... peryg'... Be' am yn *Y Llew* mewn awr?'

'Peryg'? Be' sy' gynnoch chi i'w rannu sy' mor bwysig felly?' Byddai'n well iddi adael neges i Idw a'r *subs*, jest rhag ofn... 'Dach chi ddim yn disgw'l i mi redag i lawr i'r *Llew* heb fwy o abwyd na hynny...'

13

Tawelwch am ychydig eiliadau eto. Ochenaid.

'Problam drygs dre 'ma. Ma' gin i enwa... Fedra'i ddim deud dim mwy.' Yn nerfus. Ei lais yn pellhau fymryn fel pe bae'n edrych dros ei ysgwydd. 'Lownj *Y Llew* mewn awr, iawn?' Ac yna mewn rhuthr sydyn, teimladwy: 'Mae gin i uffar o stori i chi!'

Cyn iddi gael cyfle i ymateb ymhellach clywai sŵn canu yn ei chlust a chlec y derbynnydd wrth iddo gael ei daro i lawr yn glewt mewn blwch ffôn rhywle yn y dref. Yno, yng nghanol mwrllwch prynhawn Iau pig yn Nhachwedd, roedd gwyrth ar droed, meddyliai Saran. Roedd hi'n edrych yn debyg fod gan rywun yn y twll lle 'ma stori ddifyr i'w hadrodd.

Pennod 2

Cyrhaeddodd *Y Llew* ar ben chwarter wedi tri. Roedd hi'r un mor swrth yma ag yn swyddfa'r *Journal*. Arogl tships a nionyn, finag sur, ffags rhad a chwrw cenedlaethau i gyd yn hofran yn glòs yn yr awyr. Dagrau o leithder yn llifo'n ddiog i lawr wynebau'r ddwy ffenest fach, hen ffasiwn. Tân glo a fu'n rhuo ryw ddwyawr ynghynt yn farwaidd, fud.

Taro cip sydyn o'i chwmpas ond dim ond un bwrdd oedd yn brysur. Pedwar o hoelion wyth *Y Llew* yn cwffio cwsg uwch ben gwydrau peint ewynnog, eu llygaid yn bŵl a'u sgwrs yn bytiau o ebychiadau ac ambell chwerthiniad byr.

Paned o de â dipyn o afael ynddi fyddai'n dda rŵan, meddyliai Saran. Teimlai ei thraed yn rhewllyd er bod ei hwyneb yn gynnes.

'Tonic os gweli di'n dda, Al.'

'Duw! Saran! – maen nhw'n dy ollwng di allan yn y pnawnia' rŵan 'lly?'

Roedd Alun Llew fel rhyw dderyn bach chwilfrydig yn pigo am friwsion blasus fel arfer.

'Sut dempar sydd ar yr hen Cwil dyddia' 'ma?'

'Mor bengalad ag arfar… Diolch i ti!'

'Prysur?'

'Digon i 'neud 'sti.'

'Sgŵps?'

'I'r *Journal* dwi'n gweithio Al, dim i'r blydi *Guardian!*'

Chwarddodd Alun Llew fel pe bae'n clywed yr hen jôc am y tro cyntaf. Anelodd hithau am y bwrdd yn y gornel, eistedd yn wynebu'r drws. Tyrchu yn ei bag rhag iddo drio tynnu mwy o sgwrs hefo hi. Tynnu ei llyfr nodiadau lleiaf allan a'i guddio'n ofalus rhwng dalennau'r *Post*. Setlo i ddisgwyl. Roedd y *Paracetamol* yn dechrau lleddfu'r dyrnu gwaethaf yn ei phen ac yn ei gwneud yn gysglyd er gwaetha'i chwilfrydedd wedi'r alwad ffôn.

Aeth deng munud heibio heb iddi sylwi bron. Pori'n ddi-weld yn y *Post*, taro golwg sydyn ar y tudalennau swyddi – ysgrifenyddesau rhan-amser, gofalwyr i dŷ capel ym mherfeddion Llŷn, Cwmni Newyddion Cymru yn chwilio am ymchwilydd a gohebydd yn y Gogledd...

Hanner awr. Lle roedd y stimddrwg bach a'i 'uffar o stori'? Roedd newyddion y *Post* wedi troi'n gybolfa o deip unffurf a hithau'n difaru ei henaid iddi godi'r ffôn o gwbl. Ail donic a chwarter awr yn ddiweddarach ac yr oedd ei phen ôl wedi hen gyffio a'i thymer yn breuo.

Awr union wedi iddi gyrraedd *Y Llew*, cododd o'i bwrdd yn anfoddog, flin gan adael pedwar pâr o lygaid dyfrllyd yn syllu'n syn ar ei hôl. Wrth iddi gerdded i gyfeiriad y swyddfa clywai sŵn eu chwerthin awgrymog yn ei dilyn i lawr y stryd.

Tarodd ei phen i mewn i dderbynfa'r swyddfa. 'Unrhyw negeseua'?'

'Na... ma' hi wedi bod yn dawal fatha fynwant...'

Dylyfai Julie ên yn ddiog wrth droi tudalennau sgleiniog *OK!*

'Dwi am 'i throi hi – cur pen braidd. Welist ti mohona' i os bydd unrhyw un yn gofyn. O-ce?'

16

Winc o gydymdeimlad. 'Iawn, boi – wela'i di 'fory!'

Roedd y fflat yn wag ac oer. Dim byd wedi ei gyffwrdd ers i'r ddau ohonyn nhw ruthro allan y peth cyntaf 'ma. Noson hwyr a'r gwely'n teimlo fel clustog enfawr, feddal. Coflaid sydyn yn troi'n garu hamddenol...

Taniodd y tân nwy yn y 'stafell fyw fechan a wynebai'r Fenai, tynnu'r bleinds gwiail i lawr i drio cynhesu'r lle yn gynt, camu i'r gegin *galley*, llenwi tecell. Roedd hi wedi fferru at yr asgwrn. Damia, damia, DAMIA! Rhoddodd gic i'r fasged sbwriel nes bod papurach yn sgrialu ar hyd y llawr corcyn. Mi fuasai unrhyw ohebydd call, mwy hirben, wedi diystyru'r alwad fel jôc yn syth. Rhyw hen ddiawl bach *bored* ag amser yn pwyso arno fo. 'Pwy ga'i gymryd y *piss* ohono fo pnawn 'ma...?'

Beth oedd hi haws o obeithio am stori â gafael ynddi a hithau'n medru cyfri'r cyfleon felly ar un llaw ar ôl dwy flynedd? Efallai y dylai feddwl am symud ymlaen. Bu'n teimlo'n ddigon anfodlon ei byd yn ddiweddar. Dim byd penodol, dim ond rhyw ysfa annelwig am ehangu gorwelion, taclo her newydd. Yn sicr byddai gwell cyflog yn newid byd. Gwnâi perchennog y *Journal* i'w staff deimlo fod derbyn cyflog ar y raddfa sylfaenol yn fraint.

Braint! Syllai arni ei hun yn y drych – jîns blwydd oed, siwmper o *Oxfam*, blows ar sêl o *Next* – un o'i hoff ddilladau – côt oel a gafodd ar fargen ar y Maes un Sadwrn. Roedd ei hwyneb yn welw o dan y cap byr o wallt du a dorrwyd yn glòs at ei phen. Tynnodd ei thafod ar ei hadlewyrchiad a gwenu'n bryfoclyd arni hi ei hun.

Byddai'n agoriad llygad i ambell gynhyrchydd drama deledu Gymraeg i weld sut yr oedd gohebydd papur newydd lleol go iawn yn edrych ac yn byw. Rhyfedd sut yr oedd cymaint ohonyn nhw yn cael eu portreadu fel rhyw greaduriaid trendi, yn gwisgo dillad drudfawr ac yn prysur ddilyn straeon y penawdau breision...

Ddeng munud yn ddiweddarach, roedd hi'n socian yn y bath, paned o de yn ei hafflau a'r gwres yn dechrau ei dadmer oddi fewn. Byddai'n braf cael bwrw ei bol hefo Gwyn pan ddeuai adre o'r noson rieni/athrawon, er y byddai yntau hefyd wedi ymlâdd mae'n siŵr wedi oriau o drafod a dal pen rheswm hefo rhieni blwyddyn 10. Roedd pawb am sgwrs hefo'r athro Mathemateg, er gwaetha'r ffaith fod hwn 'o'r Sowth'.

Beth wnâi o o bantomeim y prynhawn? Gwyn a'i feddwl trefnus, rhesymegol, y Gwyn pwyllog – y tu allan i'r 'stafell wely beth bynnag: 'Sar, wnest ti ddim holi ei enw fe hyd yn oed? Wnest ti ddim 'styried mai rhyw granc o'dd e. Mas am gic diniwed. Tynnu co's...'

Byddai hithau'n amddiffyn ei hun, trio cyfleu diflastod affwysol y *Journal* ar brynhawn Iau, y teimlad fod ei bywyd yn un lein gynhyrchu adroddiadau llys, cyngor, c'nebrynau, pytiau 'difyr' i *Genod Ni*. Efallai y byddai'n sôn wrtho am yr hŷs-bŷs am swyddi, sôn ei bod hi fudr awydd trio, tae o ond i weld a gâi hi gyfweliad.

Lapiodd ei hun yn y 'gŵn nos Mam-gu', chwedl Gwyn, yr un gynnes Fictorianaidd â'r goler uchel, rhoi ei sanau cerdded gwlân am ei thraed, gwneud ei hun yn gyffordus o flaen y tân nwy, bag o greision a gwydraid o *Guinness* wrth law. Ailafael yn y stori.

Teimlai fel pe bae yn edrych ar ffilm, Yn edrych arni ei hun yn sefyll yno fel cwningen ofnus wedi ei dal yng ngoleuadau llachar car bygythiol. Roedd sŵn y traed a churiad ei chalon yn fyddarol yn ei chlustiau. Y chwys yn pigo o dan ei cheseiliau. Arogl ofn ar ei hanadl. Tawelwch llethol am eiliad neu ddwy ac yna sŵn rhywun yn troi allwedd yn y clo, gwich ysgafn y drws wrth iddo agor, y traed yn camu i mewn i'r cyntedd bychan.

'Meic!' Roedd ei llais yn floesg, ei choesau yn bygwth rhoi oddi tani. 'Doeddwn i ddim yn dy ddisgwyl di am sbel eto!'

'Methu dal heb dy weld ti. Penderfynu anghofio'r pryd bwyd a'i throi hi am adra'n syth... Be' sy'n bod? Ti'n edrach fel taet ti wedi gweld ysbryd.'

Lapiodd y breichiau cryf yn glòs amdani ac o dipyn i beth, rhwng pyliau o grynu direol, dechreuodd Jan sôn wrtho am y sibrwd ffiaidd...

'Sar! Siapa hi 'chan neu fe fyddi di wedi colli'r *deadline*!'

'Gwyn... argo... mae'n rhaid 'mod i wedi dechra pendympian...'

'Y *blockbuster* na'n gaf'el ma'n rhaid! 'Drych, mi alwes i heibio'r Chinci ar y ffordd adre o'r ysgol. Ma' digon fan hyn i ddiwallu byddin!'

'Watshia di dy hun, Gwyn Jenkins! Mae 'na lew mor fawr yn y stumog yma, mi fasa fo'n dy f'yta di'n fyw tasa fo'n ca'l hannar cyfla.'

Plannodd gusan swnllyd, chwareus ar ei wddw cyn mynd ati i fwyta'r pryd blasus hefo awch. Sylweddolodd yn sydyn ei bod hi ar ei chythlwng. Bu'n hen gena' o ddiwrnod hir.

Pennod 3

'Sut 'dach chi'n sillafu hynna – Preis Cymraeg ta Saesnag?... Saesnag... reit. Iawn, *multiple injuries* yn cynnwys 'senna' a phont yr ysgwydd a'r goes dde ac yn cadw llygad ar yr anaf i'w ben o. 'Sbyty'r Fro. Iawn, mi gysyllta'i hefo nhw...'

Roedd Cris yn ei anterth egnïol am ddeng munud wedi naw fel y camai Saran i mewn i'r ystafell olygyddol drannoeth. Teimlai'r cyfnod cynnar, brwdfrydig hwnnw, pan fyddai'r adrenalin yn pwmpio a'r ysfa am gracio stori yn ei gyrru i droi pob carreg, fel oes arall iddi hi'r bore 'ma.

'Bora da, Merfyn... Idw...'

'Sut w't ti'r hen goes?'

Edrychai Idw'n swrth, ddiegni, yn union fel y teimlai hithau.

'A!... Saran... oes ganddoch chi rywun dan sylw ar gyfer *Genod Ni* yr wythnos yma?'

Eisteddai Merfyn, y golygydd newyddion, y tu ôl i'w ddesg daclus, yn didoli post y bore yn dawel drefnus, ei ddyddiadur gwaith wrth ei benelin dde fel arfer, y beiro *Parker* yn prysur danlinellu pwyntiau perthnasol wrth iddo weithio ei ffordd trwy'r pentwr datganiadau, llythyrau, agendas cynghorau, llyfrau i'w hadolygu. Cyfrifydd rhwystredig oedd y dyn meddyliai Saran, nid am y tro cyntaf.

'Dim eto,' atebodd. 'Mi benderfynish i ddilyn sgwarnog arall pnawn ddoe ond diflannu wnaeth yr un arbennig honno mae gen i ofn...'

'Piti. Ta waeth, roeddwn i'n meddwl y gallai fod 'na stori ddigon difyr i chi yma.'

Estynnodd lythyr wedi ei ysgrifennu mewn llaw grynedig iddi. 'Wedi anfon manylion i ni ynglŷn â ffair Nadolig capel Horeb mae Miss Cadwaladr. Ond mae hi'n sôn wrth basio am gasgliad o hen gardiau post sydd ganddi hi – hen luniau o'r ardal ac ati. Siawns fod 'na ddigon o ddeunydd i lenwi'r golofn. Mae'r rhif ffôn ar ben y llythyr.'

'Iawn.' Ac anelodd am ei sedd gan grychu ei thrwyn wrth glywed yr arogl lafant cryf yn codi o'r papur tenau yn ei llaw. Sent hen ferch os bu 'na un erioed.

'Ti'n edrach yn joli iawn bora 'ma, Cris. Be' 'di'r stori?'

'Wnest ti ddim cl'wad y newyddion ar y radio bora 'ma?'

'Rhy brysur yn gwneud rhyw betha' bach difyr er'ill 'sti...'

'O...?' Gwenai arni'n ansicr.

'Car i'r garej. Syrfis. Cerddad i'r gwaith...'

'O!' Crafodd ei wddw. 'Ia... wel... *hit and run* ar gyrion y dre 'ma pnawn ddoe. Hogyn ifanc o Maes Saint, pedair ar bymthag. Mae'n edrach yn debyg 'i fod o wedi cael coblyn o sgeg.'

'Unrhyw dystion?'

'Dim yn ôl yr heddlu. Ond mi o'n i'n meddwl picio i'w gartra fo'n o handi. Cael gair hefo'r fam. Mae'r tad wedi hel 'i bac ers blynyddoedd yn ôl y sôn. Mi bachodd hi i

Blacpwl hefo barmed yr *Harp* am benwsnos, a welwyd mono fo wedyn! Ma'r hen fodan yn dipyn o geg, ond 'i chalon hi yn y lle iawn meddan nhw... Reit! Well i mi gau pen y mwdwl ar yr adroddiad 'ma gynta'.'

A'i gefn at y cyw ohebydd, rowliodd Idw ei lygaid at y nenfwd a gwenu'n ymbilgar, flysiog ar Saran ar yr un pryd.

'Oes 'na'm panad yn mynd, gwael...?'

Ddeng munud yn ddiweddarach ac yr oedd hi ar y ffôn, yn trio ei hargyhoeddi ei hun a Miss Cadwaladr ei bod hi bron â thorri ei bol eisiau gweld ei chasgliad cardiau. A geiriau honno fel stwmp trwm yng ngwaelod ei stumog: 'Mae gen i bron i ddau gant wedi eu hel erbyn hyn chi, Miss Huws. Mi af i'w tynnu nhw allan rŵan. Wela'i chi ymhen yr awr!'

'Julie Burchill!' ebychodd Saran yn dawel, daer wrth iddi daro'r ffôn yn hegar yn ôl i'w grud.

Safai *Rose Villa*, tŷ ar ben rhes o bedwar Fictorianaidd, ar fryncyn mwyn yn wynebu Môn. A hithau'n disgwyl rhyw adeilad henferchetaidd, pastel yr olwg, roedd cael ei hun yn wynebu drws coch sgleiniog yn sioc braf, annisgwyl. Gwraig y tŷ, hithau, yn gwbl wahanol i'r llun diddychymyg a luniodd ohoni yn ei phen. Os oedd ei llaw fymryn yn grynedig roedd sbonc brwdfrydig yn ei cherddediad ac awgrym o wrthryfel iach yn steil ei gwallt byr ffasiynol a'i sbectol weiren gron.

'Dowch i mewn! Falch o'ch gweld chi. Panad o goffi trwy lefrith...?'

Gwibiodd awr a hanner heibio wrth i Miss Cadwaladr hel atgofion uwch ben y cardiau. Ac nid edrych arno

trwy sbectol rhosliw a wnâi hi chwaith. 'Doedd petha'
ddim yn hawdd i hogan annibynnol fel fi 'radag honno
cofiwch, Miss Huws. Pobol y dre 'ma'n disgwyl i chi
ffitio i mewn i batrwm o fath neilltuol a gwae chi os
oeddach chi'n hannar awgrymu fod ganddoch chi farn a
gweledigaeth go bendant. Pan es i i Ffrainc i weithio am
flwyddyn at artist a'i deulu mi fasach yn meddwl 'mod i
ar gychwyn i Sodom a Gomora!'

Roedd ei chwerthin yn rwndi boliog, cynnes.

'Mae hi'n haws y dyddia' 'ma wrth gwrs. Os ydach chi
isio dilyn eich cwys eich hun, mae 'na dipyn mwy o
ryddid i wneud hynny. Ac mae geiria' fel cyfrifoldeb a
dyletswydd wedi mynd rhywfaint yn llai ffasiynol.'
Gwenai'n chwareus. 'Na... taswn i'n hogan ifanc heddiw
mi faswn i'n gafael mewn bywyd hefo dwy law a'i sodro
fo'n glewtan yn lle baswn i isio fo. Gwyn eich byd chi,
Miss Huws!'

Gadawodd Saran *Rose Villa* â gwên ar ei hwyneb, mwy
na digon o nodiadau a lluniau ar gyfer y golofn. A rhyw
egni mwy hyderus nag a fu ers tro yn ei cham.

Nôl yn y *Journal* ac yr oedd Cris yn codi i'r berw go iawn.
Y tei wedi hen lacio ac yntau wedi cnoi trwy dri chwarter
pecyn cyntaf y diwrnod o *Extra Strongs*. Neidiodd i fyny
gan fygwth chwalu'r twmpath papurach ar ei ddesg i bob
cyfeiriad cyn gynted ag y daeth hi trwy'r drws. Cydiodd
yn wyllt yn ei siaced *fleece* ddi-siâp oddi ar gefn ei gadair.

'Saran 'chan! Mi o'n i bron â'i chychwyn hi am dŷ'r
hen dlawd, Cadwaladr. Ti'n cofio'r stori *hit and run*?
Dean Price? Mae o wedi bod yn holi amdanat ti mae'n
debyg. Mwydro braidd. Fel tiwn gron yn dweud fod yn

rhaid iddo fo gael gair hefo ti ar unwaith. Ei fod o'n bwysig. Mi roeddan nhw yn 'i weld o'n gweithio'i hun i fyny braidd yn y 'sbyty a'i fam o'n poeni nad oedd o'n ddim lles iddo fo. Mae hi wedi eu perswadio nhw i dy adael di i mewn y bore 'ma. Mi wnes inna ddeud y baswn i'n mynd â chdi yno'n syth bin. Mae Merfyn wedi rhoi'r o-ce.'

'Dean Price...? Ond chlywish i rioed mo'r enw yna o'r blaen. Be' goblyn...?'

'Well i ni 'i siapio hi 'sti, Saran. Synnwn i ddim nad oes 'na uffar o stori 'ma. Mi bryna'i tships i chdi ar y ffordd os mai poeni am dy ginio wyt ti.'

'Cadw dy blydi tships, Cris Morris!' pryfociodd yn ysgafn. 'Traed dani reit handi i ni gael gweld be' sydd gan yr hogyn Dean 'ma i'w ddweud wrtha'i. Lle mae'r *limo* gen ti?'

Pennod 4

Roedd Cris yn ei elfen wrth iddo wibio, cyn belled ag yr oedd hynny'n bosib yn y *Metro*, i gyfeiriad Bangor. Eisteddai Saran wrth ei ymyl yn trio ei gorau i guddio rhyw hanner gwên wrth wrando arno'n dyfalu beth tybed allai fod ar droed, pa neges allweddol a fyddai gan Dean i'w rhannu.

Gwyn ei fyd! Ni fu yn y busnes yn ddigon hir eto i fagu gormod o groen caled, i droi'n hen sinic diog, di-ddychymyg. Yn y chwe mis y bu'n gweithio hefo'r *Journal* roedd wedi taflu ei hun i fanylder pitw newyddion lleol gydag awch, wedi gafael ynddi'n ddi-gŵyn gydag adroddiadau llys ac wedi bod yn ddigon lwcus i daro ar ambell stori â gafael ynddi ar y ffordd.

Ac er eu bod fel criw yn tynnu ei goes yn ddigon aml oherwydd ei frwdfrydedd naïf roedden nhw'n eiddig-eddu wrtho'n dawel bach a Saran yn falch o'i gwmni ac wedi ei gymryd o dan ei hadain i raddau. Oedd, roedd ei awydd agored i fachu stori yn medru bod yn embaras weithiau ond roedd Cris yn hen ben yn y bôn a chanddo ddiddordeb go iawn mewn pobl. A dyna oedd yn cyfri' yn y pen draw ym marn Saran. Byddai ei gydymdeimlad naturiol â'i gyd-ddyn yn ei gadw rhag bradychu eu hymddiriedaeth ynddo am bennawd bras ac ar ben hynny roedd gan yr hogyn ddawn sgwennu. A phwy allai weld bai arno am wirioni? Yn rhydd wedi tair blynedd ar gwrs Cyfathrebu oddi fewn i waliau diogel Prifysgol, a'r cyfnod hwnnw'n cynnig pythefnos yn unig o brofiad gwaith yn y byd mawr go iawn, o ia, a chyfle i gynhyrchu un atodiad i bapur cenedlaethol.

Syllai arno'n awr o gil ei llygaid, ei dalcen yn crychu'n braf wrth iddo ganolbwyntio ar y ffordd a pharhau â'i ddyfalu, ei law chwith yn ddiarwybod iddo yn cribo trwy ei wallt golau tonnog o bryd i'w gilydd. Tanio'r radio rhag ofn bod *Stondin Sulwyn*, trwy ryw ryfedd wyrth, wedi llwyddo i achub y blaen. Lladd yr awydd i danio sigarét trwy estyn am *Extra Strong* arall. Roedd yn ennill y frwydr yn araf bach.

'Pam goblyn nad oes 'na byth le i barcio'n gall yn y lle 'ma?'

Roedd pob twll a chornel ym meysydd parcio yr ysbyty yn dynn gan geir a'r rhesi unffurf yn atgoffa Saran, o'r newydd, o gowt ffatri enfawr. Hithau'n dychmygu'r gweithwyr oddi fewn i'r adeilad llwyd yn cwmanu uwch ben y lein gynhyrchu, yn troi'r nwyddau allan fel rhes o sosejys, yn ddi-wên, ddi-hwyl.

''Ty'd o 'na 'ngwas i!' Roedd Cris wedi sylwi fod gŵr yn paratoi i facio ei BMW W-reg yn ofalus o'i hafan gyfyng. 'Heddiw, dim fory!' – hyn â gwên gyda'r anwylaf ond â phenderfyniad diwyro yn ei lais. Amneidio ar y gyrrwr hŷn yn barchus cyn sgrialu'n flêr rhwng y llinellau gwyn, diffodd yr injan, neidio allan a'i throi hi ar garlam tuag at y brif fynedfa. A hithau rhyw saith modfedd dda yn brin o'i chwe throedfedd ef, teimlai Saran ei hun yn cwffio am ei gwynt erbyn iddyn nhw gyrraedd y drws cylchdro. 'Hei! Dal arni, Cris, neu mi fydd yn rhaid i ti fynd â fi am ECG cyn y medra'i fentro rhoi pin ar bapur!'

'Mae'n ddrwg gen i, Ms Huws!' gyda winc. 'Bryna'i banad i ti wedyn.' Ac ymlaen â nhw ar hyd y coridor llydan i gyfeiriad y liffts ac i fyny i'r trydydd llawr i ward Cwellyn lle roedd Dean Price yn gorwedd. Lle *bu'n* gorwedd o leiaf.

Wedi sgwrs sydyn, daer gyda Chwaer y ward cafodd y ddau ar ddeall fod Dean wedi llithro i drwmgwsg rhyw hanner awr ynghynt. Roedd y peth wedi digwydd mewn mater o eiliadau. Wrthi'n cael sgan pellach ar ei ymennydd yr oedd o ar hyn o bryd a doedd dim posib' dweud beth fyddai'r rhagolygon.

Cawsant hyd i Janice, ei fam, yn rhythu'n ddi-weld i mewn i gwpan blastig o de llugoer mewn 'stafell fechan oddi ar y brif ward. Cyflwynodd Cris ei hun a Saran iddi. 'O! Diolch i ti am ddŵad â hi, boi, er... Dwn i ddim be' wna'i os digwyddith rhwbath iddo fo, 'sti. 'Dan ni'n ffraeo fel ci a chath weithia cofia, 'nenwedig pan dwi'n gwbod ei fod o'n deud lyrcs ia, ond mae calon yr hen Dean yn y lle iawn 'fyd, 'sti. Fel 'i hen go. Ond bod hwnnw 'di mynd ac agor 'i galon feddal i'r fodan wirion 'na de...'

'Ylwch, be' am i ni brynu panad go iawn i chi yn y caffi lawr grisia?' meddai Saran wrth weld bod Janice Price ar fin colli'r frwydr hefo'r dagrau parod oedd yn bygwth powlio i lawr ei gruddiau llwyd, crychiog.

'Mi faswn i'n medru mwrdro ffag hefyd,' meddai Janice dan ei gwynt. 'Ar dagu a deud y gwir. Ond be' tasa 'na rwbath yn digwydd? Faswn i byth yn madda i mi'n hun...'

'Mi fydd hi o leia hannar awr arall cyn y daw o i fyny o'r sgan yn ôl y Sister,' meddai Cris. 'Dowch, mi wneith o les i chi gael mynd allan o fama am funud neu ddau.'

Ac wedi gadael i'r nyrs, wybod beth oedd eu symudiadau, gadawodd y tri wres annaturiol y ward ac anelu am awyr cymharol iach caffi'r WRVS ar ôl i Janice gael cyfle sydyn i dynnu rhywbeth dipyn llai gwleidyddol gywir i mewn i'w hysgyfaint

'Dwi'n rhoi'r bai ar 'i Yncl Bob o fy hun,' meddai'n syn wedi iddyn nhw setlo mewn cornel gymharol dawel o'r caffi. 'Byth ers i hwnnw 'i hwrjio fo i fynd i'r clwb 'na yn y Rhyl rhyw ddau fis yn ôl. Mae o wedi bod fatha rhyw afr ar drana' ers hynny, dim trefn arno fo, methu byw yn 'i groen, dim llawar o awydd bwyd, allan bob awr o'r dydd a'r nos. Gwneud i rywun feddwl 'i fod o'n poetshian hefo drygs neu rwbath…'

Neidiodd Cris am yr abwyd. 'Dach chi'n meddwl 'i fod o mewn helynt, fod y ddamwain 'ma'n rhywbeth i'w wneud hefo'r peth? Dach chi'n meddwl mai dyna pam yr oedd o gymaint ar dân isio sgwrsio hefo Saran?'

Rhythai Saran yn gegrwth ar y wal gyferbyn lle roedd poster trawiadol yn nodi pwysigrwydd profion rheolaidd os am osgoi cancr ceg y groth. Ond nid y cynllun na'r neges arbennig honno a'i trawodd mor anghyffredin o fud, mor sydyn. Roedd hi'n ôl yn y swyddfa y prynhawn cynt, yn clustfeinio ar lais hogyn ifanc ar ben arall y ffôn: 'Mae gin i uffar o stori i chi!'

Torrodd ar draws Cris a'i gwestiynau. 'Janice… 'dach chi ddim yn digwydd gw'bod i lle roedd Dean ar gychwyn pnawn ddoe? Pryd y digwyddodd y ddamwain?'

'Tydw i newydd ddeud wrth y Cris 'ma? Sgin i ddim y syniad lleia!' Ailadroddodd ei symudiadau yn araf, ofalus fel pe bae hynny'n ei helpu i lunio rhyw batrwm, i weld a fu rhyw ragargoel o'r chwalfa a ddigwyddodd.

'Rhyw awr neu ddwy ar ôl i Dean bicio allan, at ddiwadd pnawn, mi wnes inna daro i lawr i *Kwiks* i hel rhyw dama'd i swpar, galw heibio'n ffrind Dorrie yn Stryd Dinorwig, glasiad bach o sherry, cip ar *Emmerdale* hefo'n gilydd, a rhyw hannar awr ar ôl i mi gyrraedd adra mi roedd y slobs yn y drws… Iesu bach! Pam *fi?*'

Trawodd ei dwrn ar y bwrdd o'i blaen nes bod y llestri'n ysgwyd ac yn tincian yn uchel, ei dagrau erbyn hyn yn llifo'n afreolus a dim byd gwell ganddi i'w sychu na napcyn papur, rhad. Gallai Saran fod wedi ei chicio ei hun am fod mor ddifeddwl.

'Dowch, Janice, awn ni'n ôl i'r ward. Ella y bydd petha'n well na'r disgwyl.'

Ond nid oedd y newyddion yn galonogol o gwbl. Roedd y meddygon wedi darganfod bod gwythïen wedi dechrau gwaedu'n go ddifrifol rhwng y benglog a'r ymennydd. Roedd hi'n bosib' fod y gwendid yno erioed a bod y ddamwain wedi dod â fo i'r wyneb. Gorweddai Dean bellach yn yr uned gofal dwys lle roedd yn cael cymorth i anadlu tra oedden nhw'n trio gostwng y pwysau ar ei ymennydd.

Edrychai Janice druan fel pe bae hi wedi cael ei dyrnu'n galed yn ei stumog, ei holl osgo wedi rhoi blynyddoedd ar ei hoed, ei hwyneb yn dynn gan anobaith. 'Ga'i weld o?'

"Cewch y 'nghariad i. Mi fydd 'na nyrs yno i gadw cwmni i chi.'

Ac yno y gadawodd Cris a Saran hi, ei phen yn gorffwys yn drwm ar y cynfasau claerwyn, di-ildio a'i llaw wythiennog yn mwytho ei ddwylo llonydd yntau. Cyn gadael, gadawodd Saran ei henw a rhifau ffôn y swyddfa a'i chartref gyda'r nyrs cyn troi ar ei sawdl yn reit sydyn oddi yno. Roedd y lle yn dwyn yn ôl atgofion rhy gignoeth iddi, yn ei hatgoffa'n rhy fyw o frwydr claf ifanc arall am ei fywyd. Duw a ŵyr pa glwy' a ddeuai i'r golwg pe byddai'n dechrau pigo ymylon y grachen galed honno.

Fu hi'n fawr o gwmni i Cris wrth iddyn nhw deithio'n ôl o'r ysbyty i'r swyddfa. Yntau'n dal i brocio a thyrchu a dyfalu am Dean a hithau'n llwyddo i roi taw arno'n y diwedd trwy daro casét yng ngheg y peiriant radio. Fynnai hi ddim am y byd â'i frifo wrth golli ei limpyn yn fyrbwyll.

Nid yn annisgwyl, chafodd hi fawr o hwyl ar roi trefn ar gyfweliad Miss Cadwaladr ar gyfer *Genod Ni* wedyn. Dim ond mynd trwy'r moshiwns, llunio paragraff cyntaf go lew o ddiddorol, gadael i'r gweddill lifo fel y deuai mwy na pheidio. Y cwbl yn gadael rhyw hen flas digon beth'ma yn ei cheg na allai pecyn cyfan o *Extra Strongs* Cris, hyd yn oed, mo'i chwalu. Hithau'n flin am ei bod yn gwybod na wnaeth gyfiawnder â'r sgwrs annisgwyl o ddifyr a gafodd, yn siomedig am fod ei hagwedd bositif wrth adael *Rose Villa* yn ymddangos mor chwerthinllyd o ddiniwed erbyn hyn.

O leiaf ni ddaeth unrhyw alwad ffôn o'r ysbyty a diolchodd yn dawel, am fwy nag un rheswm, am hynny wrth iddi ddiffodd ei pheiriant am y penwythnos a ffarwelio'n ddigon ffwr-bwt hefo gweddill y criw cyn ei throi hi am ryfeddodau silffoedd *Tesco*. Bloedd Cris, 'Cofia gysylltu os daw unrhyw newydd!' yn ei dilyn i lawr y grisiau i'r stryd fawr.

Llwythodd ei throl â chysuron cartrefol fel bara gwyn sleis a chwstard tun, pryd Indiaidd parod i ddau, potel litr o win coch cymharol rad, sebon bath nad oedd hi fymryn o'i angen. Stachu dan ei phwn i gyfeiriad y maes parcio. Chwilio am y siari. Lle goblyn...? Cofio'n rhy hwyr ei bod hi wedi anghofio ei nôl o'r garej. Haleliwia! Dyna beth *oedd* diweddglo i ddiwrnod a hanner.

Nos Wener. Noson i ymlacio'n ddiog, braf. Ond fe gâi hynny'n anodd heno. Teimlai fel pe bae hi wedi cael ei thynnu drwy'r drain go iawn a chwmni digon sâl oedd hi i Gwyn druan.

A hwythau bellach wedi claddu'r *korma* a sawl gwydraid o'r gwin, swatiai'r ddau ar y soffa yn hanner gwylio'r newyddion. Nid oedd Saran wedi cyfeirio o gwbl at yr alwad ffôn a'r ymweliad â'r ysbyty, ond, â'r gwin wedi tawelu rhywfaint ar ei theimladau cymysglyd, fe'i cafodd ei hun am ryw reswm yn sôn wrth Gwyn am swydd y gohebydd newyddion. Roedd gweld yr un hỳs-bỳs eto wrth iddo droi tudalennau'r *Journal* yn gynharach wedi ei hatgoffa...

'Cer amdani, w! Mi fyddet ti'n gwneud llun tipyn pertach na'r cwlffyn canol oed *yna*!' Traethai'r gohebydd blonegog o flaen llys barn, y *clip board* anhepgor yn ei law ' ...ac y mae'r achos yn parhau.'

'Ond o ddifri. Ti'n gwbod amdana'i. Dwi'n cael blas ar y sgwennu, yn licio mynd fy ffordd fy hun. O-ce – ella nad ydi'r *Journal* yn *cutting edge* y byd newyddiadurol Cymraeg ond o leia mi fydd 'na rywbeth ar gof a chadw ar fy ôl i. Mae teledu yn gyfrwng mor ddiflanedig rhywsut.'

'Pwerus 'fyd. Ac mi fydde fe'n talu am dipyn mwy nag un botel win i ti ar nos Wener 'merch i! Mmm... alla'i weld e nawr... gwylie rhamantus i ddau mewn rhyw hafan fach ecsotig, *soft top* secsi â thipyn o gic yn ei fola, dillad trendi o *French Connection*...'

'Callia wnei di!' dan chwerthin go iawn am y tro cyntaf y diwrnod hwnnw. Yntau'n ei lapio mewn coflaid gadarn, yn gwyro i'w chusanu'n bryfoclyd o ysgafn ar dro llawn ei gwefus, yng nghwpan gynnes ei chlust, ar waelod ei gwddw. Hi'n datod botymau ei blows, yn ochneidio'n isel wrth ryddhau ei bronnau, yn dotio at ei dafod taer yn dawnsio fel glöyn ar eu blagur tywyll a hwythau'n dyner, dynn...

Â'i llaw rydd, rhoddodd daw ar rŵn y teledu ac arwain ei chariad, yn fwythlyd, ddioglyd, i'r 'stafell wely.

Pennod 5

'*Cym' beth o hwn, mi wneith o fyd o les i ti.*' *Estynnodd wydraid o frandi at ei gwefusau sych a'i chymell i'w yfed, yn ofalus, annwyl fel pe bae'n trin plentyn ofnus.*

'*Pwy yn ei iawn bwyll fyddai'n gwneud y fath beth, Meic? Pwy sydd yn fy nghasáu i cymaint nes eu bod nhw'n fodlon mynd i'r eitha yma? Fy ngwylio i fel barcud, nodi fy symudiadau, malu fy eiddo i, gwneud i mi deimlo mor ofnadwy o fregus. Fel tawn i'n cael fy sathru dan ryw bawen fudur!*'

'*Sh... sh...*' *Ceisiai dawelu'r igian crïo trwy dylino ei hysgwyddau, y cnotiau tynn ynddynt i'w teimlo'n amlwg trwy ddefnydd sidan ei siaced nos. '*Beth am i mi gael gair hefo'r heddlu yn y bore? Dweud yn union wrthyn nhw be' fu'n digwydd. Efallai y bydden nhw'n medru cadw llygad rheolaidd ar y fflat, trefnu i rywun dy gysgodi di ar dy ffordd yn ôl ac ymlaen i'r gwaith...*'

'*Mae'n amlwg fod gen ti fwy o ffydd yn y glas lleol na fi!*' *atebodd hithau dan wenu'n wanllyd.*

'*Os wyt ti'n meddwl fy mod i'n mynd i sefyll yn ôl a disgwyl nes y bydd rhywbeth gwaeth yn digwydd... Beth am gysgu dros y peth a gweld sut wyt ti'n teimlo yn y bore, ia? Dwi'n meddwl mai'r lle gorau i ti'n awr ydi yn y gwely clyd 'na. Ty'd,*' *yn garuaidd.* '*Sych dy ddagrau, ti'n saff rŵan, Jan. Ty'd, cariad...*'

Ei harwain yno i'r 'stafell wely ac wedi sychu ei gruddiau â

hances feddal, ei gosod i orwedd ar ben y duvet *moethus.*
Llacio gwregys ei siaced nos a gadael i'r cyfan lithro'n
ddioglyd oddi arni. Tanio'r gannwyll dal, bersawrus gerllaw
ac, yn ei golau tyner, rhyfeddu o'r newydd at harddwch
synhwyrus ei wraig. Syllu'n hir arni, yn ffrwyno'n fwriadol ei
awydd taer i'w meddiannu, dwysáu'r dyheu. Hithau yn
crynu'n ysgafn ar wyneb y gwely, ei thafod llaith yn crwydro
hyd ei gwefusau'n fwythus a'i llygaid briw yn ymbil, wrth iddi
ddisgwyl heb symud gewyn, am ias ei gyffyrddiad cyntaf...

'Brecwast!'

'Ti'n werth y byd, Gwyn Jenkins!' gwaeddodd Saran
o'i gwely. Mor braf oedd cael y cyfle i ddiogi ar fore Sul,
cael darllen am bwl heb deimlo'n euog, a mwynhau
clamp o frecwast hen ffasiwn heb orfod codi bys bach i'w
goginio!

Doedd dim byd cystal â bwyta ŵy wedi'i ffrio, cig
moch wedi'i grimpio'n ysgafn a thafell neu ddwy o fara
saim crensiog, cyn mentro allan am dro ar fore heulog,
ffres. I lawr i gyfeiriad y Foryd yr aeth y ddau, yn
crwydro ling-di-long fel dau hen begor ac yn mwynhau
llach yr awel fain a blas yr heli ar eu gwefusau. Taflu
ambell grystyn i'r elyrch busneslyd ar eu ffordd a stopio i
syllu, o bryd i'w gilydd, ar Fôn.

Roedd y Fenai'n sgleinio heddiw ac ambell ffanatic
mwy dewr na'i gilydd wedi mentro allan gyda'i
hwylfwrdd ac yn sgeintio'n swnllyd hyd wyneb y dŵr.
Rhyfeddai Saran at eu gwibio gosgeiddig. Dyma oedd
byw go iawn, meddyliai. Dim penderfyniadau i'w
hwynebu, dim cyfrifoldebau i'w hysgwyddo. Dim byd

i'w wneud ond mwynhau'r munud prin, hudol a diolch amdano.

''Drych – ma' fe'n dal ar werth.'

Gwenodd y ddau wrth weld yr arwydd yn dal i sefyll ger cilbost Cae Melfed, yr hen fwthyn carreg a adnewyddwyd ac a fu ar y farchnad ers dau neu dri mis bellach. Roedd yn sefyll rhyw led dau gae o'r ffordd a redai hyd lan y Fenai, yn wynebu'r dref ond â'i dalcen tuag at yr afon. Roedd rhywun wedi gwario'n o helaeth ar ei ymestyn yn chwaethus a bu'n destun sawl trafodaeth a breuddwyd i Gwyn a Saran ers i'r hysbyseb ymddangos yn y *Journal*.

'Pam na wnawn ni gysylltu hefo'r gwerthwyr? Gofyn am apwyntiad? O leia mi fasa ni'n cael gweld droson ein hunain yn lle'n bod ni'n gorfod dibynnu ar ddisgrifiad yn y papur yn unig. Ac ella na fasa fo at ein dant ni beth bynnag...'

'Na fydde, glei!' meddai Gwyn dan chwerthin yn uchel a chydio amdani'n chwareus. '*Tastefully renovated ... including many interesting original features ... inglenook fireplace ... slate tiles throughout kitchen ... affording astounding views of Snowdonia and the Isle of Anglesey ...* na... sa'i'n credu y byddet *ti*'n ei hoffi fe o gwbl a gweud y gwir!'

A charlamodd o'i blaen gan ei herio i'w ddal, cyn iddo wasgu'n gelfydd i mewn heibio'r giât mochyn a arweiniai i'r cae nesaf lle roedd llwybr cyhoeddus yn gyfle iddynt gael cip pellach ar fwthyn eu dychymyg byw.

'O ddifri, Sar... mae 'da ti bwynt.' Hyn wedi iddyn nhw gael eu gwynt atynt. 'Y peth yw, sa'i'n moyn ein clymu ni i forgais na fedrwn ni ei fforddio. Sa'i'n hoffi meddwl am y ddou ohonon ni'n gorffod lladd ein hunen er mwyn cynnal brics a mortar...'

'Ond y fath frics a mortar! Waeth i ti heb â gwadu, Gwyn, ti wedi gwirioni cymaint â finna. 'Sti be', taswn i'n rhoi cynnig am y swydd gohebydd teledu 'na, o leia mi fasa'r gobaith o fedru cynnig am Cae Melfed ganddon ni, am ryw hyd beth bynnag. Ac os na wna'i fentro, fyddwn ni ddim callach.'

'Ie... ond...'

'Dim *ond* amdani. Dwi wedi penderfynu. Mi yrra'i am y ffurflen gais 'na heddiw a gawn ni weld beth ddaw. Does gen i ddim i'w golli.' Dim ond y cyfle o brofi'r wefr od o ysgrifennu ar ras â'i llygad ar y cloc, yr hwyl yng nghwmni brith, annwyl y *Journal*, gorfod gollwng gafael ar ambell ragfarn bersonol. Efallai ei bod hi'n hen bryd iddi roi rhai o'r rheini o'r neilltu erbyn hyn beth bynnag a derbyn mai rhywbeth i benboethiaid yn eu harddegau hwyr yn unig yw delfrydau digyfaddawd. Sgersli bilîf!

Waeth beth oedd ei chymhelliad, gwnâi'n siŵr bod ei llythyr yn cyrraedd pen ei daith erbyn drannoeth. Cerddodd yn ôl i'r fflat yn llawn egni creadigol, yn cynllunio ambell ateb bachog dychmygol na ellid fyth ei gynnwys ar unrhyw ffurflen gais, tra'n cydio'n dynn yn llaw gynnes ei chymar.

A hithau'n nythu'n gysglyd yn ei freichiau yn ddiweddarach, sibrydai ei diolch am yn ail â sugno ar ei fysedd celfydd fel oen bach swci, ei hofnau bellach wedi eu tawelu'n llwyr, yr olew a ddefnyddiodd i dylino mannau tyneraf ei chorff wedi ei llacio'n drylwyr. Gorweddai yntau yn y llwyd dywyll yn mwytho ei gwallt trwchus, yn syllu'n ddi-wên, ddifynegiant i'r

36

*gwyll, ei lygaid yn byllau dwfn, di-weld, yn ystyried y cam
nesaf...*

Rhywle yn y cefndir, fel sŵn undonog plentyn bach
diflas yn mynnu, mynnu ei sylw, roedd ffôn yn canu.
Canu, canu, canu, yn mynnu, mynnu ymateb. A Gwyn
allan yn y clwb rygbi, doedd dim amdani ond llusgo ei
hun o'i hafan gyfforddus gan ddiawlio'r teclyn swnllyd o
dan ei gwynt. Byddai'n rhaid gadael i Jan a Meic
fwynhau eu pleser a datrys eu problemau ar eu pen eu
hunain am y tro.

'Helo! Saran Huws.'

'Mae'n ddrwg gen i'ch poeni chi ar nos Sul, Miss
Huws. Sister Joynson sydd yma o Uned Gofal Dwys
Ysbyty'r Fro. Mam Dean Price oedd am i mi gysylltu
hefo chi. Mi wnaeth cyflwr Dean waethygu'n sydyn yn
gynharach y pnawn 'ma mae gen i ofn ac, ar ôl trafod yn
hir hefo Mrs Price, fe'i tynnwyd o oddi ar y peiriant
cynnal bywyd. Mi fuo farw rhyw hanner awr yn ôl.'

Tynnwyd y gwynt yn llwyr o'i hwyliau da gan eiriau
moel ond ysgytiol y nyrs. Ei tharo'n fud hefyd gan bigiad
hegar o gydwybod, yn euog o fod wedi cau'r drws yn
fwriadol dynn ar Dean Price wrth iddi gau drws y
swyddfa nos Wener, er iddo fynnu hofran yno o bryd i'w
gilydd, ar gyrion ei chof.

'Miss Huws?'

'Mae'n ddrwg gen i,' yn floesg. 'Diolch am adael i mi
wybod.' A safodd yno am rai eiliadau, yn syllu'n hurt ar
udo swnllyd y derbynnydd yn ei llaw, cyn ei osod yn ôl
yn ei grud, mor ofalus â babi newydd-anedig.

Pennod 6

Roedd hi'n ôl yno, wrth erchwyn ei wely, yn gwylio am unrhyw symudiad, unrhyw arwydd, waeth pa mor fychan, ei fod o yn ei chlywed, yn gwybod ei bod hi yno, yn cadw cwmni iddo yng nghanol alaw ddieithr y peiriannau a'i cynhaliai.

Collodd bob synnwyr o amser ac roedd ei dyddiau bellach yn cael eu mesur mewn ymweliadau rheolaidd gan feddygon a nyrsys, paneidiau diddiwedd o de cryf a chyfnodau o chwarae rhai o'i hoff dapiau yn y gobaith y byddai hynny'n deffro rhyw atgof pell ynddo. Syllu a syllu'n ofer am arwydd o'i egni a'i hiwmor heintus a hithau'n gorfod bodloni ar gydio yn ei law ddiffrwyth, yn dyheu am fedru chwistrellu joch fywiol o nerth iddo trwy ei bysedd. Hithau'n ei ddychmygu yn neidio i fyny ar ei eistedd, yn halio'r pibellau o'u gwreiddiau ac yn diosg y rhwymau tynn o gwmpas ei ben. 'Dim ond cysgu o'n i 'sti, Sar! Mi roeddat ti'n poeni am funud rŵan, yn doeddat?'

Llion, ei hunig frawd, a drawyd gan gar wrth iddo neidio'n dalog oddi ar y bws ysgol un prynhawn o wanwyn, ei feddwl ar gyrraedd adre cyn gynted ag y gallai er mwyn cael sgram o de cyn mynd i gicio pêl hefo rhai o'i fêts yn y cae chwarae. Doedd gan yrrwr y car ddim gobaith i'w osgoi. Eiliad o ddiffyg canolbwyntio ar ran Llion ac roedd y lôn wledig yn Llŷn yn debycach i stryd yng nghanol dinas, yn diasbedain gan sŵn brecio caled, arogl rwber poeth a gwaed a hithau wedi ei fferru yn ei hunfan wrth weld ei brawd yn swp ar y tarmac, ei gorff yn dawnsio i diwn ei ymennydd briw a'i fag ysgol wedi chwydu ei gynnwys i bob cyfeiriad.

Roedd patrwm melltigedig y teiars i'w gweld am fisoedd wedyn a hwythau'n codi cryd arni bob tro yr anelai am adref. Yn fwy dirdynnol nag unrhyw flodau gwyw ar ymyl y ffordd, yn nodi fod bywyd teulu arall wedi ei chwalu'n chwilfriw gan ddamwain ddiangen.

Cofiai'r diwrnod olaf yn glir, y diwrnod y bu'n rhaid cydnabod nad oedd gobaith bellach. Ei rhieni yn fud a phell yn eu galar a hithau'n ymwybodol o'r euogrwydd a fu'n ei gwawdio ers y cychwyn. 'Pam Llion? Pam nad y *fi...*?'

Seriwyd y dyddiau o warchod yn yr ysbyty ar ei chof ond llifodd y dyddiau canlynol, y paratoi ar gyfer yr angladd, yr ymweliadau diddiwedd, y galwadau ffôn, i'w gilydd yn un poetsh cymysglyd. Cofio haul anaddas y diwrnod ei hun, y gweinidog yn lluchio'r dyrnaid pridd ar y derw, igian crïo nifer o'r teulu, llygaid gwag ei mam...

Pymtheg oed a'r cwbl ar ben! Hithau newydd droi ei deunaw, yn paratoi i adael y nyth, a bywyd Prifysgol yn cymell. Ond er iddi daflu ei hun i mewn i'w gwaith ysgol i leddfu'r hiraeth ac i drio rhoi rhyw synnwyr i'w byw, a llwyddo'n rhyfeddol o dan yr amgylchiadau trist, penderfynu rhoi'r cynlluniau hynny o'r neilltu a wnaeth hi am y tro. Ei ffordd hi o ddelio â'i newid byd, rhyw wrthryfel bychan yn erbyn y drefn, rhyw deimlad fod yn rhaid gafael ym mhob diwrnod gerfydd ei glustiau o hyn ymlaen, ymroi i fwynhau pob eiliad.

A'r fath fwynhau! Y mis Medi ar ôl yr arholiadau, penderfynu symud i fyw at un o'i ffrindiau oedd ar ei hail flwyddyn yng Nghaerdydd, rhannu fflat, ennill digon i'w chynnal trwy weithio mewn siop lyfrau yn ystod y dydd a bar gwin un o glybiau'r ddinas liw nos. Boddi ei gofidiau'n rheolaidd gyda chymorth sawl potelaid oddi yno a rhes o 'garwriaethau' unnos a oedd yn gymysgedd caethiwus o gysur a diflastod.

Ei chael ei hun un bore yn chwilota'n llechwraidd am becyn profi beichiogrwydd yn *Boots* ac yn gorfod holi ei hun o ddifri pwy allai'r tad fod a roddodd stop ar ei chrwydro ffôl. Ac er mai di-sail oedd ei phryder wedi'r cyfan y bore hwnnw, y gwlybaniaeth cynnes rhwng ei choesau wrth iddi gerdded nôl i'r fflat yn gwatwar iddi wastraffu ei harian prin, bu'n rhaid iddi orfodi ei hun i wynebu realiti a dysgu peidio ffoi mor benderfynol wyllt oddi wrtho.

Bu'n ddwy flynedd go dda cyn iddi allu meistroli'r ddawn honno, a hynny heb fod yn gyfan gwbl o bell ffordd. Dychwelyd at ei rhieni i Lŷn a dychryn fod cyn lleied wedi newid mewn gwirionedd o gofio'r chwyldro y bu hi ei hun trwyddo yng Nghaerdydd. Edmygai ei mam a'i thad am lwyddo i ailafael yn eu byw mor ddi-lol, ddigŵyn er bod eu calonnau'n torri o dan yr wyneb.

Ac yntau a'i fusnes adeiladu ei hun ac yn cyflogi nifer o grefftwyr lleol, bu hynny'n fodd sicr i gynnal ei thad a'i orfodi yn ei flaen, ei mam wedyn yn penderfynu gwneud cais am swydd athrawes yn yr ysgol feithrin leol ac yn cael fod cwmni'r plant am dri bore'r wythnos yn lliniaru'r briw.

'Wyt ti wedi meddwl mwy am fynd i'r Brifysgol, Saran?' gofynnodd ei thad iddi un nos Sul a hwythau newydd fod yn gwylio drama gyfres am fyfyrwyr coleg ar y teledu. 'Mi fasa'n biti i ti beidio gymryd y cyfla a'r cymwystera' gen ti. Chei di byth siawns fel'na eto 'sti. Beth amdani?'

Hithau'n barod gyda'i rhes atebion stoc, sinigaidd ond yn penderfynu eu llyncu a phwyllo am y tro cyn rhuthro i ymateb. 'Mi feddylia'i am y peth.' Ei wên dawel yn ei chyffwrdd i'r byw a hithau'n diolch na wnaeth yr un o'r ddau ymyrryd yn llawdrwm â'i chynlluniau i ffoi i'r brifddinas, na chwaith geisio ychwanegu at bwys yr euogrwydd yr oedd yn dal i'w deimlo am ei bod hi yma o hyd a'i brawd yn dadfeilio ym mynwent Bethania.

Cofrestru ar gwrs Prifysgol oedd y peth gorau a wnaeth hi erioed, a'r ddwy flynedd o ddysgu byw a brofodd cyn hynny yn fodd iddi werthfawrogi'r rhyddid gwahanol a'r cyfle unwaith-mewn-oes i lyncu gwybod-aeth, ac i wneud yn fawr ohono. Ei hunig ofid oedd na fyddai Llion wedi cael yr un cyfle i fagu adenydd tebyg…

Yr atgofion a'r meddyliau hyn a gadwai Saran yn effro y rhan fwyaf o'r noson wedi derbyn yr alwad ffôn, un funud yn gorwedd yn hollol lonydd ar ei chefn, yn rhythu ar gysgodion amrywiol y nenfwd tra'n gwrando ar ei chalon yn dyrnu. Dro arall yn troi ar ei hochr ac yn cyrlio ei hun yn belen fel draenog amddiffynnol. Dim byd yn tycio, dim hyd yn oed Gwyn a'i goflaid tyner. Syrthio i gysgu'n drwm rhyw awr cyn i'r larwm ddeffro a'r bore Llun arbennig hwnnw yn anos nag arfer i'w wynebu, am sawl rheswm.

Dridiau wedi iddi dderbyn y newyddion o'r ysbyty safai Saran, a Cris yn gwmni iddi, ar lan y bedd agored ym mynwent y dref, yn chwyddo'n sylweddol y 'gynulleidfa' denau a ddaeth i dalu'r deyrnged olaf i Dean Price. A hithau'n crynu'n fewnol o wrando ar y ficer yn llafarganu uwch ben yr arch, addunedodd Saran y byddai'n gwneud popeth a fedrai i ddarganfod beth yn union a ddigwydd-odd i Dean ac a oedd unrhyw gysylltiad rhwng y ddamwain a'i alwad ffôn i'r *Journal* y prynhawn o'r blaen.

Ei henw hi oedd un o'r geiriau olaf iddo ei ynganu. Oherwydd hynny, ac oherwydd iddi ei fwrw o'r neilltu mor ddifeddwl, y peth lleiaf a allai ei wneud iddo'n awr oedd troi pob carreg i gael at y gwir.

Pennod 7

'Mae'n ddrwg gen i. Mi rydan ni wedi gosod arwydd lle digwyddodd y ddamwain ond 'chydig iawn o ymateb ydan ni wedi ei gael hyd yn hyn.'

Ddeuddydd wedi angladd Dean, a hithau wedi llwyddo i berswadio Merfyn i gymryd y cam chwyldroadol o adael i Cris ofalu am *Genod Ni* yr wythnos yma, roedd Saran yn gwrando, gan drio ei gorau i guddio ei siom diamynedd, ar heddwas ifanc yn ymddiheuro am y prinder gwybodaeth galed am yr *hit and run*.

Y cwbl a ddaeth i'r fei hyd yma oedd fod Dean wedi cael ei daro gan gar 'tywyll', rhywbeth tebyg i Fiesta neu Nova, ar y lôn gefn yn arwain o'r dref i bentref Caemadog, rhywbryd rhwng hanner awr wedi dau a thri y prynhawn Iau blaenorol. Hen ffordd ddigon troellog a chul a mwy nag un gornel dywyll arni. Dim y ffordd orau i fod yn cerdded hyd-ddi a'r diwrnod yn byrhau, y golau'n isel a Dean, yn ôl ei arfer mae'n debyg, yn gwisgo jîns a siaced ddu.

Ceisiai Saran ddychymygu'r olygfa ac wrth ddilyn ei siwrne olaf yn ei meddwl, gwelai Dean yn dod allan o stad Maes Saint, yn cerdded heibio swyddfeydd Adran Dechnegol y Cyngor ar y chwith, y garej wedi cau, y siop fideo, yr *off licence*, y bocs ffôn... y ffôn! Tybed mai o'r fan honno yr oedd o wedi cysylltu â hi? Ond os felly pam,

a hwythau wedi trefnu i gyfarfod yn y *Llew* yn ddiwedd-
arach, yr oedd o wedi cael ei hitio, yn cerdded i gyfeiriad
hollol wahanol? Tasa hi o gwmpas ei phethau y p'nawn
hwnnw byddai wedi deialu 1471 a chofnodi'r rhif. Fel ag
yr oedd hi...

Byddai'n *rhaid* iddi gael gwell trefn arni ei hun. Pa fath
o esiampl oedd hi i Cris, yn hanner gwneud pethau fel
hyn! Edrychodd arno o gil ei llygaid, yn sgwrsio'n
hwyliog am ragoriaethau bwydo o'r fron yn hytrach na
llefrith potel gyda gwrthrych *Genod Ni* yr wythnos yma,
a daeth rhyw ddagrau sydyn, gwirion i'w llygaid.
Penderfynu gadael y swyddfa i glirio'i phen. Âi heibio
Janice, i weld sut yr oedd hi'n dygymod ac hefyd i gael
mwy o wybodaeth am 'Yncl Bob' Dean, gweld a fyddai
o'n medru taflu mwy o oleuni ar bethau, yn fwyaf
arbennig ar gyflwr meddwl ei nai yn ystod yr wythnosau
diwethaf.

Eisteddai Janice, y ffag arferol yn ei llaw dde, yn rhythu
ar Richard a Judy yn holi actor canol oed am ei rôl
ddiweddaraf mewn drama go ddadleuol yn y West End.
Hwnnw'n ei champio hi'n ddidrugaredd. Digon digri ar
y dechrau efallai ond ar ôl rhyw dri neu bedwar munud
roedd tôn gron y creadur mor ddiflas ag ambell *story line*
hirwyntog yn *Pobol y Cwm*.

Nid bod Janice yn gwrando beth bynnag. Dim ond
sŵn yn y cefndir i roi rhyw ymdeimlad o gwmni iddi
oedd y teledu ers dyddiau bellach.

'Sut 'dach chi?'

'Wedi blino 'dat 'y modia, ia. Dim mynadd i folchi na
phiso bron. Be' di'r iws? Be' sy'n mynd i ddŵad ohona'i

rŵan?' Heb arlliw o hunandosturi, dim ond dyfalu'n syn, heb ddisgwyl ateb.

'Be' am i mi wneud panad i ni?'

'Diolch, boi. Mi fasa sgedan yn dda 'fyd.'

Draw yn y gegin gyfyng, yr ager yn llifo'n ddagrau parod ar hyd wyneb y ffenest seimllyd a sawr blynyddoedd o ffrio cig moch yn hofran yn niwlen fyglyd yn yr awyr, doedd dim golwg bod Janice Price wedi bwyta unrhyw beth arall ond *Rich Tea* a phaneidiau o de tramp ers dyddiau. Taniodd Saran lond tecell er mwyn cael digon o ddŵr poeth i lanhau'r cylchoedd cyndyn a ffurfiodd oddi fewn i'r myrdd cwpanau hanner a chwarter llawn a safai ar bob wyneb. Gwnâi debotiad go iawn o de wedyn, chwilio am y cwpanau delaf oedd ar gael yn 22 Maes Saint, ei chyfraniad pitw hi i leddfu'r boen, i dawelu cydwybod.

'Oes 'na rywbeth arall fedra'i wneud i chi, Janice? Rhywfaint o siopa? Bwyd? Papur? Ffags?'

Ysgydwai ei phen yn araf, fel pe bae'n trio cael gwared o bob cof a meddwl o'i phen. 'Na, mi fydda' i'n iawn, boi. Mi ddaw Dorrie draw bellach 'mlaen 'sti... Diolch 'run fath...'

Eistedd yno'n ddi-sgwrs am sbel wedyn yn sipian te a thynnu sylw bob hyn a hyn at fanylion hollol ddibwys am y rhaglen deledu, y ffaith bod copaon Eryri yn drwm gan eira, bod cysgodfan bws y stad wedi dechrau cael ei fandaleiddio eto. Ac yna, a hithau'n nesáu at amser cinio, esgusododd ei hun gan ofyn fel yr oedd hi ar fin ei gollwng ei hun allan.

'Dach chi'n cofio chi'n sôn am Yncl Bob Dean? Lle

mae o'n byw? Ydi'i rif ffôn o ddim yn digwydd bod ganddoch chi?'

Ni ddangosodd Janice unrhyw chwilfrydedd ynglŷn â pham yr oedd Saran yn holi, dim ond rhoi ei gyfeiriad, nodi nad oedd o ar y ffôn a'i chynghori hi mai'r lle gorau i gael gafael arno ar awr ginio fel rheol oedd ym mar y *Ship*.

Gadawodd hi yn dal i rythu ar y sgrîn, y ffag ddiweddaraf yn cael ei chrenshian yn stwmp drewllyd o dan ei bawd a gweddillion y te yn y gwpan tsheina wrth ei harffed wedi hen oeri.

Doedd y *Ship* ddim mor gyfarwydd i Saran â'r *Llew*, mantais bendant gan nad oedd y *clientele* yma ddim yn debygol o fod yn ei hadnabod hithau chwaith nac o ddyfalu ei bod ar berwyl stori i'r papur.

Cyfarch y ferch y tu ôl i'r bar. Esbonio ei bod yn chwilio am Bob Griffiths, Cae Graig, bod ganddi neges iddo gan ei chwaer. 'Bob Marli? 'Na fo'n fancw 'li boi, hwnna hefo'r crys tsiec a'r farf wrth y bwrdd pŵl.'

Edrychai'n hollol wahanol i'r hyn a gofiai ohono yn angladd ei nai. Ymddangosai'n llawer lletach yn ei jîns a'i grys lliwgar fel pe bae wedi gorfod stwffio ei gorff i'r siwt dywyll ddeuddydd ynghynt a hynny yn ei dro wedi ei grebachu rhywsut, ei wneud yn llai o gymeriad. Canolbwyntiai'n dawel ar y gêm, ei wrthwynebydd yn greadur dipyn mwy swnllyd, yn ochneidio neu'n bloeddio'n uchel wrth iddo drio waldio'r peli i'r pocedi.

Disgwyl nes i'r gêm ddirwyn i ben a nesáu at y bwrdd. 'Mr Griffiths?'

'Pwy sy'n gofyn?'

Estyn ei llaw allan a chael fod ei ymateb yn gynnes a chyfeillgar er gwaethaf tôn ei gwestiwn. 'Saran. Saran Huws – o'r *Journal*. Roeddwn i yn y cnebrwn ddydd Merchar. Meddwl y basa ni'n medru cael sgwrs sydyn dros beint. Be' gym'wch chi?'

Sgwrsio'n gyffredinol am bwl, hithau a'i hanner o *Guinness* ac yntau â'i *mild*, a chael dipyn o hanes Bob a'i lysenw, cyfle i dorri'r ias ac i gael blas o beth o hanes y teulu. Rhyw hen wâg o'r dre a'i 'bedyddiodd' â'r enw rai blynyddoedd yn ôl meddai pan oedd Bob yn gweithio i gwmni gosod carpedi a chan fod *Marley tiles* yn eu bri ar y pryd a Bob yn 'rhyw lun o fyrath' hefo gitâr chwedl yntau, beth mwy naturiol na'i fedyddio yn Bob Marli? 'Cofia, mi oedd gen i lond pen o wallt hir du bryd hynny hefyd 'sti!' meddai a'r peswch caled yn gyfeiliant i'w chwerthiniad crafog yn dyst fod ei awch am ffags yr un mor frwd ag eiddo ei chwaer.

'Ond ti'm 'di dŵad i fama i fwydro dy ben am enwa naddo? Isio gwbod dipyn o hanas Dean wyt ti 'de? Cythral o biti gin i dros Janice 'sti. Fel tasa hi ddim wedi cael digon hefo'r llwdwn 'na'n 'i miglo hi o'ma hefo hogan yr *Harp*... Wrthi'n sgwennu pwt am Dean i'r papur wyt ti ia?'

'Wel... ia... Wrthi'n trio ffendio union beth ddigwyddodd. Mae gen i le i gredu 'i fod o wedi trio cysylltu hefo fi yr wsnos dwaetha ond 'i fod o wedi cael ei daro i lawr cyn iddo fo 'nghyrraedd i.' A soniodd wrtho, mor gryno ag y gallai, am yr alwad ffôn a'i siwrne seithug i lawr i'r *Llew*. Cyfeirio hefyd at yr hyn a ddywedodd Janice yn y 'sbyty, ei phryder am ei fod ar bigau'r drain a'i feddwl yn bell byth ers iddo ymweld â'r clwb nos yn y Rhyl hefo Bob. Hithau'n hel meddyliau am gyffuriau...

'Drygs? Dean? Choelia'i fawr! Yr unig beth ddigwyddodd yn y clwb yn Rhyl oedd fod o a'i lefran wedi cael hymdingar o ffrae. Wn i ddim pam yn hollol. Ella 'i bod hi wedi myllio am 'i fod o wedi bod yn ll'gadu'r fodan handi ma oedd y tu ôl i'r bar yn *Whistles* y noson honno. Welwn i ddim bai arno fo chwaith, sleifar o ddynas, yn syth o set *Baywatch*, y gwallt, y brestia... mm... dipyn delach na'r graduras *yma* fedra'i ddeud wrthat ti... R'un peth eto, dol!' dan amneidio a gwenu arni fel pe bae hi mor hardd â Blodeuwedd.

'Pwy ydi hi felly?'

'Pwy?'

'Cariad Dean. Oedd hi yn y cnebrwn?'

'Iesu, na!... Dwi'm yn meddwl eu bod nhw wedi gweld ei gilydd ers y noson honno 'sti. Un o Waunganol ffor'na ydi hi dwi'n meddwl. Fedrwn i ddim cofio'i henw hi chwaith tasa ti'n talu i mi. Gormod o hwn yli!' gan godi ei wydr peint a drachtio'n ddwfn o'r 'lysh' cysurlon.

Fe'i gadawodd ymhen ychydig gan adael ei rhif ffôn a'i annog i'w ffonio pe byddai'n cofio neu'n clywed unrhyw beth a allai fod o ddiddordeb. Nid ei bod hi'n obeithiol iawn chwaith. Er yn halen y ddaear ac yn meddwl y byd o'i chwaer, doedd Bob Marli ddim yn foi a fyddai am droi'r drol. Er gwaethaf ei lysenw, un yn derbyn y drefn, yn hytrach na'i herio oedd o.

Pennod 8

Roedd Julie yn barod amdani pan ddaeth yn ôl, yn disgwyl i'w rhybuddio cyn iddi fentro i'r 'ffau' olygyddol, fod Merfyn 'mewn cythral o dempar' ac wedi bod yn holi lle bu hi mor hir.

'Ella y basa fo'n syniad reit dda i chdi gael *Extra Strong* neu ddau gin Cris i guddio ogla'r lysh 'na 'fyd cyn i ti fynd yn rhy agos at y pric pwdin!' meddai dan wenu yn llawn cydymdeimlad, yn teimlo dros Saran yn gorfod wynebu llid y golygydd newyddion.

Roedd hi'n poeni amdani. Doedd yr hogan ddim yn edrych yn hanner da ers dechrau'r wythnos, cleisiau tywyll o dan ei llygaid, dim lliw yn ei bochau, a rŵan dyma hi yn dechrau slotian yn ei hawr ginio. Dim fatha hi o gwbwl. Dim nad oedd hi'n licio laff, fel yr oedd hi wedi dangos y llynadd yn y parti Dolig. Cythral o noson dda! A'i chariad hi, Gwyn, yn hogyn iawn er 'i fod o o'r Sowth. Dipyn o bishin hefyd os oeddach chi'n licio'r math yna o beth. Rêl chwaraewr rygbi, cluniau cadarn, sgwyddau llydan, llygaid tywyll ac amrannau i fatshio. Rhyw fath o Wil Carling Cymraeg mae'n siŵr ond bod pen hwn wedi ei sgriwio'n dipyn tynnach ar ei sgwyddau na'r pen bach hwnnw, a doedd gan Gwyn lygaid i neb ond Saran.

'Wel?'

Ceisiai Saran gadw'n ddigon pell oddi wrth Merfyn rhag iddo gael mwy o achos i refru.

'Wedi bod yn dilyn *lead* neu ddau ynglŷn â stori Dean Price fel gwnes i sôn gynna'.'

'Ond mi roedd hynny tua tair awr yn ôl! Gobeithio eich bod chi wedi cael rhywbeth gwerth chweil.'

'Mae gen i ddigon i weithio arno fo ar hyn o bryd ac ambell enw cyswllt pellach.'

'Saran, dwi'n gwybod ei fod o'n hogyn lleol a'ch bod chi'n amau fod mwy o dan yr wyneb ond...'

'Merfyn! Gair plîs?'

Fu hi erioed yn ei byw mor falch o weld Gwilym Gol. Pan waeddai Gwilym byddai Merfyn yn neidio'n syth ac nid oedd yr achlysur yma'n eithriad, diolch i ryw angel gwarcheidiol a oedd wedi hofran uwch ben 12 Stryd y Castell ar yr union eiliad honno. 'Gawn ni sgwrs yn nes ymlaen, Saran.'

Diflannodd y ddau i swyddfa Gwilym a chymrodd hithau gysur o glywed llais y golygydd yn codi i *crescendo* go sydyn yn fuan wedi i'r drws gau, arwydd sicr y byddai'r drafodaeth yn un go hir ac anghyfforddus. Cyfle felly iddi gael ei gwynt ati, paned neu ddwy i'w sadio, a rhoi cychwyn ar waith. Tybed beth oedd yn cnoi Gwilym? Dyfalai mai antics y *Gazeteer*, a lansiodd arg-raffiad lleol newydd yn ardal y *Journal* rhyw bythefnos yn ôl, oedd wrth wraidd ei boen.

Nid bod gan Gwilym lawer o reswm i boeni. Do, mi wariodd y *Gazeteer* yn go sownd ar ymgyrch farchnata reit slic ond, fel cymaint o ymgyrchoedd o'r fath, dipyn o dân siafins oedd o yn y pen draw a'r cynnyrch terfynol yn ddigon tenau. Ambell 'ecsgliwsif' honedig, rhyw chwarter cyfanswm newyddion lleol y *Journal*, erthyglau am raglenni a 'sêr' teledu hyd at syrffed, cystadleuaeth neu ddwy i gadw'r darllenwyr yn felys am yr wythnosau cyntaf. Ond, a bwrw bod ofnau Gwilym Gol yn ddisail, doedd hi ddim yn mynd i ddadlau ag o ynglŷn â'r mater ar y funud arbennig yma.

'Panad 'rhen goes?'

Roedd hi ar fin dweud wrth Idw lle i fynd pan sylwodd mai *cynnig* un, nid gofyn am un, oedd o.

'Sylwi bod chdi'n edrach dan y don braidd, cyw. Os ti isio siarad cofia, isio rhannu…'

Er gwaethaf ei amrywiol wendidau, ac ambell un o'r rheini yn rhai digon anghynnes, roedd hi'n rhy hawdd dibrisio Idris Wyn a'i hen galon feddal a'r llygaid barcud na fethai unrhyw fanylyn y tu ôl i'r gwydrau seimllyd.

'Diolch Idw. Mi gofia' i.'

'Hei! Saran!' John Bowen neu Jon B fel y galwai awdur y golofn adloniant *In the Groove* ei hun, oedd yn gweiddi o ben arall y 'stafell. 'Ffansïo noson wyllt yn y *Paragon* nos 'fory? Mae gen i *complimentaries* os wyt ti awydd.'

'Diolch i ti John ond, am ryw reswm ar yr union funud yma, dwi'n rhyw deimlo fod fy nyddia i fel *mover* a *shaker* ymhell y tu cefn i mi rhywsut.'

'Paid â mwydro! Yli, cym' y ddau 'ma, mae gen i ddigon dros ben. Ac mi fydda'i'n sgwennu adolygiad o'r noson beth bynnag. Perfformiad cynta *Mela!* – yr *All Saints* Cymraeg, meddan nhw.' A rhoddodd wasgiad bach cartrefol i'w hysgwydd wrth adael y tocynnau ar ei desg.

Chwarae teg i'r criw. Roedd pawb yn tynnu at ei gilydd pan ddeuai'n greisys. Hyd yn oed pan nad oedd fawr o hwyl a hwythau'n mynd ar nerfau ei gilydd yn y swyddfa gyfyng doedd dim cyllyll mewn cefn, dim dannod gwendidau, dim llyfu am ffafrau fel y dychmygai a fyddai ym myd y cyfryngau mwy cystadleuol.

Llwyddodd i osgoi Merfyn am weddill y prynhawn wrth lwc a throdd ei sylw i'r sypyn datganiadau gan wahanol asiantaethau, sefydliadau a mudiadau yr oedd wedi eu gadael ar ei desg. Am unwaith mwynhaodd y broses o afael yn y geiriau diddychymyg, eu teilwrio a'u mowldio yn rhywbeth tebycach i erthyglau papur newydd. Ni theimlai fel taclo unrhyw beth mwy uchelgeisiol ar y funud. Ond byddai angen cnoi cil ar stori'r ddamwain dros y Sul, angen awr neu ddwy go gall o gwsg hefyd cyn iddi droi'n sombi llwyr.

'Bore da, Vicky.'

'Bore da, Mrs Patterson.'

'Unrhyw lythyrau?'

Edrychai Jan trwy'r pecyn swmpus arferol fel rhyw dderyn bach nerfus, bron fel tae hi'n disgwyl llythyr mileinig, dienw meddyliai'r ysgrifenyddes.

'Galwadau?'

Rhestrodd Vicky'r manylion a rhoi'r tamaid papur yn ei llaw. "Dach chi'n hollol sicr na fu dim galwadau eraill?'

'Perffaith. Popeth yn iawn, Mrs Patterson?' Sylwai fod cysgodion o dan ei llygaid, fod ei minlliw braidd yn gam, y farnis ar rai o'i hewinedd wedi plicio. Rhywbeth anarferol i un a gymerai gymaint o ddileit mewn steil safonol.

'Ydi, ydi... Paned o goffi cryf fyddai'n dda, Vicky – a gwydr o ddŵr a dau Paracetamol os gweli di'n dda. Ddim yn teimlo'n rhy wych y bore 'ma mae gen i ofn ac mae'n rhaid i mi drio gael trefn go lew arnaf fy hun cyn y cyfarfod hefo Mr Sullivan am un ar ddeg.'

Wel, wel, pa fodd y cwympodd y cedyrn! Tybed nad oedd Jan Patterson yn disgwyl mwy na chyfarfod â chyfarwyddwr cwmni teledu Penhaligon? Roedd hi wedi bod yn edrych yn ddigon ciami ers rhai dyddiau erbyn meddwl a gallai Vicky daeru iddi glywed Jan yn chwydu ei pherfedd allan yn y tŷ bach fore Llun. Yr hen gloc biolegol wedi dechrau tician yn rhy uchel i'w anwybyddu mae'n rhaid a hithau wedi penderfynu mynd amdani. Gallasai hi a Meic fod wedi fforddio nythaid o blant ers tro beth bynnag, ac yntau'n gynllunydd graffeg gyda'i gwmni ei hun a Jan wedi ei phenodi'n bartner ers blwyddyn bellach.

Tybed beth fyddai gan Ms Sara Hollick i'w ddweud am y datblygiad yma? Doedd hi ddim yn gyfrinach ei bod hi'n gweld sêr, yn poeri gwaed, yn wyllt o'i cho' pan glywodd am ddyrchafiad Jan y llynedd. Hithau wedi rhoi ei bryd ar fod yn bartner ers tro ac wedi cymryd yn ganiataol, oherwydd iddi fod yn gweithio gyda'r cwmni am sawl blwyddyn cyn Jan, mai hi fyddai'n ennill y dydd.

Byth ers hynny bu'r tyndra rhwng y ddwy yn amlwg, yn bennaf oherwydd agwedd fursennaidd Sara. A chan na chafodd ymdrechion cynnar Jan i fod yn waraidd am y mater ddim croeso ganddi roedd hi wedi hen roi'r gorau i'w dandwn a rhyw gymod brau, anesmwyth wedi datblygu rhwng y ddwy…

Dau funud wedi naw ac roedd galwad ffôn gyntaf y dydd eisoes yn diasbedain yn ei swyddfa fechan drws nesaf. Trodd Vicky ar ei sawdl i'w hateb, yn bictiwr o drefnusrwydd hunanfeddiannol ond â'i meddwl ar garlam, yn llawn o'i dyfalu am Jan a'r rheswm tebygol am ei hiechyd bregus.

Roedd hi'n cysgu fel babi, yn dawel, ddwfn, pob arlliw o bryder wedi diflannu o'i hwyneb a hithau'n dal i gydio'n ysgafn yn ei llyfr. Yn araf, ofalus, tynnodd Gwyn y gyfrol o'i dwylo cynnes a'i chadw'n ddiogel wrth ymyl y gwely ar ôl gosod y ddalen nodyn yn ei le, un o'r pethau bach hynny a oedd yn holl bwysig ganddi. Ei chusanu'n ysgafn ar ei thalcen a gwenu wrth iddi wneud sŵn grwndi bach bodlon yn ei gwddw.

Roedd hi'n braf gweld Saran wedi ymlacio mor drylwyr. Bu'n byw ar y gwynt ac adrenalin ers dyddiau, ei meddwl yn ddiflas o bell ar adegau ac yntau'n teimlo ei fod yn siarad â'r wal ddiarhebol. Os na fyddai hi'n ofalus ac os na allai yntau dreiddio trwy'r amddiffynfa yr oedd hi'n prysur godi o'i chwmpas, ofnai y byddai'r ddamwain angheuol ddiweddaraf yma yn ei bywyd yn troi'n obsesiwn ganddi gyda hyn.

Pennod 9

Y *Paragon* ar nos Sadwrn. Meca newydd adar nos ifanc y dref: **Y lle y *medrwch* chi fforddio cael eich gweld** yn ôl rhyddiaith rywiog y posteri croch eu lliw a'r amryfal hysbysebion a fu'n harddu tudalen *In the Groove* yn y *Journal* yn ystod yr wythnosau diwethaf.

Y cyn-glwb rygbi a weddnewidiwyd gan alwyni o baent du ac arian a drychau wedi eu gosod mewn mannau allweddol er mwyn creu ymdeimlad o ehangder. Ond y nenfwd isel, a oedd yn elfen gartrefol yn nyddiau'r 'hogia', yn pwyso ar wynt rhywun dan y drefn newydd.

Rhwng curiad hollbresennol, hypnotig y gerddoriaeth, y 'sgwrsio' uchel a oedd yn debycach i ffraeo lloerig, y gwres, y gymysgfa o amrywiol bersawrau trwm, heb anghofio arogl nodedig ambell bâr o draed chwyslyd, doedd dim posib' anadlu'n iawn na chlywed eich hun yn siarad, heb sôn am feddwl. Efallai mai peth da hynny gan nad oedd Saran yn awyddus i archwilio'r cilfachau tywyll yna yn rhy fanwl ar y funud.

Gwyn, wrth gwrs, a'i perswadiodd i fentro allan. Digwydd gweld y ddau docyn cyfarch wedi eu cuddio yn y nofel yr oedd hi'n ei darllen ar hyn o bryd a doedd dim taw arno wedyn. 'Fe wnaiff e fyd o les i ti, w, ac rwy wedi bod yn edrych 'mla'n i gael gweld *Mela!* ers ache. Tyrd mla'n 'chan, fe fydde'n drueni gwastraffu dau docyn rhad ac am ddim.'

Hithau'n tynnu arno am fod mor driw i'w wreiddiau yng Ngheredigion ac, wedi cloffi rhwng dau feddwl am awr neu ddwy, penderfynu codi allan, wedi ei sbarduno yn fwy na dim gan ei heuogrwydd. Euog am iddi fethu â rhannu ei theimladau a'i hofnau dyfnaf, euog am fethu ag ymateb yn llawn i'w sylw caruaidd y bore hwnnw.

Fel arfer, a hithau yn y cyflwr synhwyrus hwnnw rhwng cwsg ac effro yn y bore bach, byddai'n fwy na pharod i gael ei deffro'n raddol ganddo. Ei chorff yn gynnes drwyddo wedi noson dda o gwsg a phrofiadau diwrnod newydd heb gael y cyfle eto i bylu dim ar ei hymateb greddfol.

Ond y bore hwn, câi'r teimlad annifyr mai actores mewn drama oedd hi, yn edrych arni ei hun mewn drych, yn asesu, yn dadansoddi ei pherfformiad, yn gwylio trai a llanw ei chorff, yn tynhau a llacio, yn cordeddu, yn tynnu, ei dwylo'n anwesu, ei chyhyrau yn nyddu. Ac er iddi ochneidio'n nwydus wrth iddo ffrwydro'n ddwfn a chynnes ynddi gwyddai na lwyddodd i dwyllo Gwyn am eiliad.

'Gwena! Ella na wneith o byth ddigwydd!' Jon B oedd yn gweiddi yn ei hwyneb, yr ystrydeb dreuliedig yn llwyddo i wneud dim mwy na pheri i'w gwefusau ffurfio'n grechwen gam. Nid ei fod wedi sylwi wrth lwc. Roedd o i'w weld ar dipyn o *high*, ei lygaid yn sgleinio ac yn gwibio i bob cyfeiriad, yn barod i gofnodi pob manylyn bach diddorol ar gyfer ei golofn fore Llun.

'Dwi'n falch dy fod ti wedi mentro, 'sti. Wedi bod yn poeni amdanat ti... Gwyn hefo chdi?'

'Ydi. Mae'r creadur yn cwffio am aer wrth y bar ers wn i ddim pa hyd.'

'Grêt... grêt... Hei! be' ti'n feddwl? Mi wnaeth genod *Mela!* gytuno i wneud cyfweliad hefo fi rhyw awr yn ôl 'sti. Coblyn o gesys a sôn am *stunners!* Digon â gwneud rhywun yn chwil gaib cyn twtshiad diferyn! Gen i ryw deimlad yn fy nŵr, heb sôn am ddim byd arall, de, bod heno'n mynd i fod yn goblyn o noson lwcus yn y cyfeiriad yna!'

'Hefo'r pedair 'lly!' Yn goeglyd, ddiamynedd.

'Go dda rŵan!' Lwc bod gan Jon B groen fel eliffant. 'Cadi, yr un fechan bryd gola 'na, ydw i'n 'i ffansïo 'sti. Ll'gada llo bach fel Natalie Imbruglia a chorff fatha breuddwyd gwlyb. Dwi'm yn foi am y petha *silicone* 'ma fy hun. Rho di gorff bach naturiol fel honna i mi unrhyw ddiwrnod, un twt, tynn a brestia bach uchal fel, fel...'

Roedd meddwl am rinweddau corfforol Cadi yn amlwg wedi trechu dawn ddisgrifiadol Jon B am y tro a ffarweliodd â Saran yn fuan wedyn gan wneud ei ffordd, mewn perlesmair, tuag at y llwyfan lle roedd y cyflwynydd yn paratoi i gyflwyno'r *'stunners'*.

'Ddrwg 'da fi fod mor hir. Mae trio cael dy syrfo yn y lle ma'n wa'th na disgwyl am ateb strêt gan Aelod Seneddol! Ti'n iawn?'

'Dyna'r trydydd tro i ti ofyn i mi ers i ni ddŵad trwy'r drws, Gwyn...! Sori! Jon B sydd wedi bod yn fy mwydro i... Fo a'i destosteron wedi gwirioni hefo un o ferchaid *Mela!* a'r ddau yn ffansïo eu lwc hefo hi heno.'

'Lisa, ife?'

'Naci, Cadi.'

'Wel does gan Jon B fawr o safone nagoes e? Er mwyn y nefo'dd sut ellith e anwybyddu coese diddiwedd Lisa lân 'te?'

Syrthiodd ei jôc fel bricsen mewn pwll bas a hithau'n methu ag ymlacio i ymuno yn yr hwyl diniwed.

'Esgusoda fi am funud. Rhaid i mi fynd i'r tŷ bach...'

Ei adael i rythu'n syn ar ei hôl a sŵn cordiau agoriadol set gyntaf y genod yn boddi unrhyw ymateb ar ei ran.

Draw yn nhai bach y merched roedd y clwstwr arferol o 'gens' yn chwerthin yn afreolus ac yn gweiddi ar dop eu lleisiau tra'n trwsio peth o'r niwed yr oedd y gwres a'r ddiod wedi eu gwneud i'w colur.

'Dyna'r tro dwaetha dwi'n mynd i'r *Headstart* 'na i wneud 'y ngwallt. Mae o fel blydi nyth!'

'Shit! Mae gen i ladyr. Lwc mod i wedi rhoi'r *false tan* 'na 'mlaen, ia...'

'Welist ti'r talant 'na hefo Enfys? Blydi hel! Fasa ddim ots gen i roi snog hir i hwnna myn uffar i!' Ei disgrifiad lliwgar hi o'r hyn yr hoffai wneud i'r 'talant' wedyn yn cael ei foddi gan sgrechfeydd o chwerthin awgrymog.

'Amanda! Oes 'na *rwbath* mewn trowsus nad wyt ti'n 'i ffansïo?'

Ond cyn i Amanda gael cyfle i ymateb roedd un o'r criw wedi gofyn cwestiwn a wnaeth i Saran wrando'n dipyn mwy astud y tu ôl i'r drws.

'Hei! Tanya! Ti 'di gweld Sas heno? Oedd o'n deud y basa gynno fo stwff i mi. Stwff da 'fyd am bris da...'

'Traed dani ta! Arglwy', 'dan ni wedi bod yma ers Sul pys! A watshia wenu gormod Amanda Jên, mi fydd dy wynab 'di wedi cracio os roi di lawar mwy o'r paent 'na arno fo!' Ac yn ôl â nhw i ganol y mwg a'r chwys gan obeithio sgorio, mewn mwy nag un ffordd mae'n ymddangos, ymhellach ymlaen.

Roedd Saran yn un dda am gofio wynebau a bu'r olwg

frysiog a gawsai ar y criw wrth iddi ddisgwyl ei thro gynnau yn ddigon i'w hadnabod pan ddaeth allan rhyw funud neu ddau ar eu hôl. Eu dilyn o hirbell gan wau drwy'r cyrff a oedd erbyn hyn wedi dechrau dawnsio i fiwsig rhythmig *Mela!* Stopio wrth weld dwy ohonyn nhw ymhen dipyn yn gweiddi ac yn amneidio ar hogyn hefo gwallt tonnog golau wedi ei dynnu'n ôl mewn cynffon. Diolchodd am unwaith nad oedd hi mor dal â model a hithau'n medru cuddio'n hwylus yn y môr pobl o'i chwmpas tra'n cadw llygad ar y sgwrs daer rhwng y tri.

'Hei! Ty'd i ddawnsio! Ddyla hogan ddel fatha chdi ddim bod yn sefyllian mewn lle fel hyn ar 'i phen ei hun! Ty'd! gad i mi gadw cwmpeini i chdi, dy gnesu di go iawn!...'

Yn yr amser y cymerodd hi i wrthod a ffoi oddi wrth y fath benyd roedd y genod a'r Gynffon wedi diflannu a hithau'n diawlio'r creadur chwil a'r dannedd cam am ddod ar ei thraws a hithau ar drywydd rhywun a fyddai, o bosib, yn medru ei harwain i ddatrys dirgelwch galwad ffôn – a damwain – Dean Price.

Roedd gan Gwyn gwmni erbyn iddi gyrraedd yn ôl i'w bwrdd. Rhun, Athro Celf Ysgol Brynarial a'i wraig ers dau fis, a dau o'i gyd-aelodau yn y tîm rygbi, Cef a Rhydian. Y criw wedi dechrau mynd i hwyl a'r gwydrau o'u blaen yn tystio pam.

'Hei, Sar! Lle fuest ti 'chan? Ty'd i joio 'da ni, ti'n haeddu brêc, w!' A thynnodd hi ato gan amneidio at ddau wydraid llawn o win a soda oedd yn ei disgwyl. 'Ar dy dalcen nawr! Fe wnân nhw fyd o les i ti!'

Ac er mai dyna'r peth olaf oedd hi'n ei ddymuno yn y bôn a'i meddwl, fel un Jon B, ymhell o'r sgwrs o'i chwmpas, aeth ati i foddi a lliniaru ei gofidiau. Teimlo mor sobor â llywydd Sasiwn wedi'r cyntaf, ychydig yn fwy rhadlon ar ôl yr ail ac erbyn y trydydd ymddangosai pob problem yn wirion o syml a bywyd yn bicnic. Ei geiriau yn llifo a'i sgwrs gydag Anna, gwraig Rhun, a oedd yn hanu o Gaerdydd, yn ei hatgoffa'n fyw o'r brifddinas, hithau'n crwydro o gwmpas rhai o'r mannau cynefin yn ei dychymyg carlamus a'r rhialtwch a'r rhyddid o beidio 'becso dam' mor fyw â'r hyder cynnes a oedd yn llifo drwyddi ar hyn o bryd.

Cydiodd yn Anna a'i pherswadio i ymuno â hi ar y llawr dawnsio. Wedi egwyl roedd *Mela!* yn eu holau a'r genod ar eu gorau gogleisiol yn dehongli'r gân a oedd ar y brig ar hyn o bryd ac yn blastar ar Radio Cymru, *Torri'n Rhydd*. Taflu ei hun i mewn i'r sŵn a mwynhau'r teimlad o adael i'w chorff ymateb i'r rhythm ohono'i hun, heb boeni dim am pwy oedd yn gwylio, sut oedd hi'n edrych, dim ond ymollwng ac ildio'n llwyr i'r miwsig. Joio!

Ymhen eiliadau, munudau, oriau wedyn roedd Gwyn yno yn cydio amdani, a'r dôn a'r curiad wedi arafu a hwythau'n siglo'n hamddenol i sain *Dim ond ti*. Syllu'n freuddwydiol ar eu cyd-ddawnswyr dros ei hysgwydd a chanfod fod y Gynffon ac un o'r genod a welodd, flynyddoedd yn ôl bellach, yn y tŷ bach, yn sownd yn ei gilydd, yn mwytho eu tonsils am yn ail â syllu ymhell i lygaid y naill a'r llall.

Roedd ei rheswm-ar-sgiw yn dweud wrthi y dylai fynd draw ato a thrio tynnu sgwrs, dim na fyddai ganddo iot o ddiddordeb mewn dim ond glafoerio dros ei gymar am heno. Efallai, pe byddai hi a Gwyn yn medru symud fymryn yn nes, y byddai'n medru clustfeinio ar eu sgwrs brin, gwylio am arwydd eu bod nhw wedi cael blas o'r 'stwff' y bu trafod mor frwd yn ei gylch yn gynharach. Ond roedd hi'n teimlo mor ddiog a chyfforddus a saff...

'Hei! con. Deud wrth dy fodan am beidio bod mor ddig'wilydd wnei di? Isio llun ma' hi ta be'?' Yn sydyn roedd y Gynffon yn gweiddi ar Gwyn. 'Mae hi wedi bod yn rhythu arna'i ers oria. Ella i bod hi'n ffrystreted neu rwbath, heb i ga'l o ers misoedd... Well i chdi fynd â hi adra i'w hatgoffa hi, mêt. Beth bynnag 'di'r rheswm, deud wrthi 'i bod hi'n fy ngneud i'n nyrfys. O-ce?...'

'Ylwch, peidiwch â phoeni, Sas...' Roedd ei thafod yn glynu yn nhop ei cheg a'r geiriau'n gwrthod llifo'n gall.

'Arglwy! Dwi fod i dy nabod di? Sut ti'n gwbod fy enw i 'lly? Ydw i 'di cwarfod hon o'r blaen?' Ysgwyd gwrthrych ei sylw manwl am ateb ond roedd llygaid honno yn rowlio'n ddi-weld yn ei phen. 'Be' 'di dy enw di felly?'

'Sharan. Sharan Huwsh.'

Mae'n rhaid fod Gwyn wedi ei thywysu oddi yno cyn iddi fynd yn ffrwgwd go iawn oherwydd y peth nesaf a gofiai Saran oedd ffarwelio hefo Anna a Rhun a chodi ei llaw i gyfeiriad cyffredinol Jon B a oedd yn ddwfn mewn sgwrs hwyliog hefo Cadi erbyn hynny, ei fraich eisoes o gwmpas ei hysgwyddau noeth. 'Pob lwc i ti Jon B!' Ei baglu hi trwy'r fynedfa, ac awyr rynllyd Rhagfyr yn ei thrywanu fel cyllell, yn bygwth corddi ei stumog a chwalu'r cysur bregus a brofodd am ychydig yng ngwres a hud twyllodrus y *Paragon*.

Yn ei breuddwydion ffrwcslyd gefn trymedd nos

chwysai i gyrraedd *deadline* a newidiai o funud i funud, ei brest yn dynn wrth iddi ruthro o un cyfweliad i'r llall a'i bysedd yn taranu'r geiriau allan ar sgrîn ei chyfrifiadur. Ond waeth faint yr oedd hi yn ei deipio, parhâi'r sgrîn yn styfnig wag, ei geiriau yn chwyrlïo mewn gwagle uwch ei phen, yn eco gwatwarus yn ei meddwl briw.

Pennod 10

Eisteddai Pennaeth Adran Mathemateg Ysgol Syr Edward Puw yn nhawelwch anarferol yr ystafell staff, pentwr o lyfrau i'w marcio o'i flaen ac yntau'n teimlo yr un mor frwdfrydig ynglŷn â'r dasg ag y buasai ei fam wrth feddwl am fynd i wylio gêm o rygbi.

'Gad dy ddwli, Gwyn Jenkins! Does gen i gynnig i weld cryts yn eu hoed a'u hamser yn wado ei gilydd ar gae mochedd! Hen gêm ddanjerys yw hi!'

Gwenai Gwyn wrth gofio'r troeon aml y bu ef a'i dad yn trio ei pherswadio i ddod gyda nhw, hithau'n barod â'i hesgus bob tro a'r sgwrs yn diweddu yn yr un modd bob gafael gyda'i fam yn codi bwganod ynglŷn â pheryglon y gêm. Fawr o syndod falle ac yntau'n 'gyw bach y nyth', yr ieuengaf o dri mab, a hithau'n dal i feddwl amdano fel y 'crwt bach' er ei fod e'n tyru uwch ei phen hi ers blynydde a hithau'n gorfod edrych lan ato ers ei arddege. Anodd iddi weithie yn arbennig pan fyddai gofyn iddi roi pryd o dafod iddo am amrywiol 'bechode'.

Ond er gwaethaf ei hofnau, wnaeth hi erioed sefyll yn ei ffordd e pan fynnodd gario 'mlaen â'r gêm trwy ddyddiau ysgol a choleg a gwyddai Gwyn, er na fu hi erioed y tu ôl i'r lein nac ar y teras yn ei wylio, ei bod hi'n ei gefnogi gant y cant ac yn browd o'r 'crwt' yn dawel bach.

Tybed beth fyddai ei chyngor iddo ar hyn o bryd ac

yntau'n dechrau poeni o ddifri am Saran? Yn ystod y dyddiau diwethaf roedd hi wedi diflannu ymhellach i'w chragen, yn cysgu'n wael, wedi colli ei harchwaeth bwyd, yn ddiamynedd. A'r cyfan y gallai ef ei wneud oedd ceisio bod yn gefn iddi, codi ei chalon, gwneud iddi sylweddoli fod trasiedïau'r gorffennol y tu cefn iddi bellach, fod gofyn iddi edrych 'mlaen. Ond roedd brwdfrydedd ddoe wedi cael ei ddisodli gan euogrwydd heddiw a hynny yn ei gyrru i ddilyn trywydd yr oedd e'n ei ofni.

Cau ei lygaid a chuddio ei wyneb yn ei ddwylo wrth iddo gofio'u cweryla y noson gynt. Ceisio'i chael hi i wneud rhywbeth cadarnhaol fu man cychwyn y ffradach. Tynnu ei sylw at y ffaith nad oedd hi byth wedi llenwi ffurflen gais swydd y gohebydd newyddion a hwnnw wedi bod yn gorwedd yn ei amlen ers wythnos. Hithau'n gwrthod bob gafael, yn rhaffu esgusodion gwan nes ei fod wedi gwylltio yn ei rwystredigaeth. Ei chyhuddo o fod yn negyddol, yn anghyfrifol, yn blentynnaidd – a gwaeth – nes ei gyrru i ffoi i'r 'stafell wely yn ei dagrau ac yntau'n martshio allan o'r fflat, yn treulio'r awr ganlynol yn crwydro'r dref yn ddiamcan, yn teimlo fel trempyn yn rhythu i mewn i ffenestri siopau yn llawn o geriach gloyw, disylwedd y Nadolig.

Hwn fyddai eu hail Nadolig 'da'i gilydd. Cofio'r llynedd gyda gwên gynnes. Y ddau ohonyn nhw'n teithio i lawr i'w gartref yng Ngheinewydd y noson flaenorol gan dreulio awr neu ddwy yn siopa yn Aber ar y ffordd. Saran yn mynnu cerdded i ben draw'r prom i gicio'r bar er bod y gwynt yn filain a'r môr yn chwydu cerrig mân a gwymon o dan eu traed wrth iddyn nhw frwydro yn eu blaenau. Nodi'r neuaddau myfyrwyr yn eu tro, o ben y pier a'i glwb nos newydd a'i fwyty Indiaidd i lawr i dristwch caeëdig Neuadd Alexandra a edrychai mor fygythiol dywyll â charchar. Dyfalu hanes y rhai oedd newydd dreulio eu tymor cyntaf yn y dref, hel atgofion, cael blas ar bwl o hiraeth ar y cyd a'r cusanau aml a atalnodai eu taith yn chwerw felys gan heli tonnau Bae Ceredigion...

Roedd Saran yn ymateb mor reddfol i bopeth rhywsut a'i hiwmor crafog yn mynnu ffrydio i'r wyneb. Dyna a'i denodd ati gyntaf pan gerddodd i mewn i'r union ystafell yma tua diwedd tymor yr haf y llynedd i'w gyfweld e a thîm o'r Chweched oedd newydd ddod i'r brig mewn cystadleuaeth Fathemateg genedlaethol.

'Fama mae'r Einsteins yn cuddiad felly?' oedd ei chyf-archiad cyntaf, ei diddordeb a'i brwdfrydedd naturiol yn gwneud i griw tawedog, *laid back* Chwech Un gynhesu ati a dechrau agor eu calonnau. Gwyddai'n reddfol beth i'w ofyn a sut, pryd i wthio a phryd i atal, a hynny heb fod yn nawddoglyd.

'Well i mi gael gair hefo'r bos rŵan ta!' Trefnu'r tynnu lluniau yn gyntaf ac, wedi cael cefn y disgyblion a'r ffoto-graffydd a chwblhau'r gwaith swyddogol o gael ei ymateb i lwyddiant ei fyfyrwyr, dechrau sgwrsio'n fwy cyffredin-ol a'r ugain munud nesaf yn carlamu wrth iddyn nhw fwynhau cymharu nodiadau, darganfod bod ganddyn nhw ambell gydnabod yn gyffredin, mwynhau'r gêm ddifyr o ddysgu cymaint ag yn bosib' am ei gilydd mewn cyfnod byr.

Yntau'n dychryn wrth glywed ei hun yn gofyn iddi ddod allan 'dag e am bryd o fwyd y noson ganlynol a'r wên a fynnai chwarae o gwmpas ei wefusau wedi iddi dderbyn yn gwmni iddo am weddill y prynhawn.

Edrych ymlaen. Wedi'r ysgariad blêr a phoenus oddi wrth Awen ddwy flynedd ynghynt, gallai gyfri ar un llaw y nifer o weithiau y bu'n diddanu merch a hyd yn oed ar yr adegau prin hynny gwyddai nad oedd ei galon yn llwyr yn y peth. Synhwyrai y byddai hyn yn wahanol ac ni chafodd ei siomi.

Roedden nhw'n medru ymlacio'n braf yng nghwmni ei gilydd a hwythau'n darganfod yn fuan iawn eu bod yn gallu rhannu llawer o'u poen preifat gan wybod fod eu cyfrinachau'n ddiogel. Chwerthin llond bola hefyd a gwirioni eu bod yn rhannu'r un math o synnwyr digrifwch, yn gwerthfawrogi'r un math o jôcs dwl.

Dwyn i gof eu caru cyntaf. Diwedd noson o haf a gwres anarferol y dydd wedi dwysáu eu hawydd cynyddol am ei gilydd. Ei gwahodd yn ôl i'r fflat wedi cyrraedd adre o'u taith Sadwrn i Ardudwy, ac yno, a sŵn gylfinir i'w glywed yn galw ar draws y Fenai drwy'r ffenest agored, llithro'n eiddgar rhwng y cynfasau oer, eu cyrff cynnes yn drwm gan ddyheu a'r nos yn fyw gan synau eu syndod. Yntau'n ffoli ar y ffaith ei bod yn gallu mwynhau ei chorff mor llwyr heb arlliw o gywilydd ac yn teimlo ei fod e wedi cyrraedd gartre o'r diwedd.

Ochneidiodd yn uchel wrth agor y llyfr cyntaf ar ben y pentwr o'i flaen a cheisio canolbwyntio ar hafaliadau cwadratic blwyddyn 10.

'Tithau'n cael fawr o hwyl arni chwaith? Falla y byddai paned yn help!'

Lea, yr athrawes Gerdd, oedd wedi dod i'r 'stafell yn

ddiarwybod iddo tra bu'n hel meddyliau. 'Diolch. Ma'n flin 'da fi. Sa' i'n fawr o gwmni'r dyddie hyn.'

'Paid â gwastraffu dy wynt yn ymddiheuro wrtha'i, Gwyn bach! Dydan ni i gyd yn y felan erbyn radag yma o'r tymor rhwng y ffaith ei bod hi'n twllu'n gynnar, y ffliw ar droed, *mocks* blwyddyn un ar ddeg angen eu marcio ac, ar ben y cwbwl lot, blydi carola! Dwi'n deud wrthat ti, os glywa'i gytgan arall o *Cysgu y mae'r defaid mân*, mi fydda'i wedi tagu rhywun – un o'r trebls bach angylaidd 'na ym mlwyddyn saith fwy na thebyg!'

'Tymor yr ewyllys da arferol?'

'Ia! ti'n iawn. Rhywbeth felly!' A'i chwerthin harti a'i phaned gref yn fodd o chwalu peth o'r pryder a fu'n cyniwair ynddo yn ystod yr hanner awr diwethaf.

'Diolch i ti, Lea.'

'Rhaid i ti ddim, tad. Unrhyw bryd y byddi di isio sgwrs cofia...'

'Ie... Diolch.'

Cyrraedd y fflat yn ddiweddarach ac, o sylwi ar y llestri a oedd wedi eu gadael yn y sinc, casglu fod Saran wedi bod gartre yn ei hawr ginio. Edrychai'n debyg hefyd ei bod hi wedi dechrau ysgrifennu ei ffurflen gais. Aeth Gwyn ati'n syth i ddechrau paratoi swper ar eu cyfer gan fwmian canu'n dawel o dan ei wynt. Chwerthin yn uchel o sylweddoli ei fod yntau hefyd wedi dal clwy'r carolau! Tynnodd y llenni, troi'r gwres ymlaen, rhoi'r gwin yn y ffrij. Mynd ati i wneud y lle mor groesawus ag y gallai ar gyfer dychweliad ei gariad.

Pennod 11

'A dyna pam yr ydw i mor awyddus i setlo'r mater cyn gynted ag sy'n bosib. Dwi am gael gwybod yn union beth ydi'n sefyllfa gyfreithiol ni cyn Cannes. Ydi'r diva geiniog a dima' 'na mewn sefyllfa i roi'r caibosh ar y cwbl?... Hannar blwyddyn o ffilmio dramor, dau gynhyrchiad back to back. Cyfla am werthiant dros y môr. Blydi chwys a llafur drud a chast digon â gwneud i'r sant mwya rhadlon estyn am y Valium...'

Roedd Eddie Sullivan, cyfarwyddwr cwmni teledu Penhaligon, ar garlam gwyllt ar gefn ei geffyl a hithau prin wedi cael cyfle i gynnig gair o gyfarch heb sôn am gyngor ers iddo fartshio i mewn i'w swyddfa. Vicky yn ei arwain yno fel rhyw broffwyd ymddiheurol o'i flaen a'i chynnig o baned yn cael ei sgubo ymaith ganddo mor ddiamynedd â thamaid o groen sych oddi ar goler ei siwt Armani.

A Jan yn dal i deimlo'n ddigon llegach oherwydd diffyg cwsg roedd hi'n dipyn o gamp ceisio canolbwyntio ar lifeiriant bytheiriol Eddie. O'r hyn a ddeallai roedd newydd glywed fod y gantores opera a oedd yn sail i brif gymeriad ei ffilm ddiweddaraf wedi cysylltu ag ef i gwyno nad oedd yn hapus gyda'r portread seliwloid ohoni, ei fod yn bwrw sen ar ei chymeriad a'i bod yn bwriadu cael cyngor cyfreithiol ynglŷn â'r mater. Eddie'n difaru ei enaid ei fod wedi mynd i'r gost a'r drafferth o drefnu arddangosiad preifat iddi ac yn diawlio'r diwrnod y cafodd ei bartner yn y busnes, Melanie Turner, y syniad gwych *o wneud ffilm am anturiaethau'r hoedan yn Ffrainc yn ystod yr Ail Ryfel Byd.*

'Mi alla'i ei weld e nawr, E.S. Mae'r cyfan yna, drama maes y gad, yr adrenalin, y straen, yr ofne, y baw, y gwaed... Fe wnawn ni i Hedd Wyn *edrych fel owting Ysgol Sul... Ac yna hanes ei charwrieth gudd hi 'da'r Ffrances. Ma' fe'n gyfuniad ffrwydrol. Rhyfel a rhyw,* sex *yn y trenches. Ond yn lle'r* macho male *a'r ferch fwyn ddiamddiffyn, dwy gref yn boeth am feddiannu ei gilydd a hynny yn wyneb rhagfarn yr oes a llyged barcud busneslyd teulu a ffrindie. Fe drown ni'r cyfan wyneb i waered, Ed. Alla'i glywed* spin *y criw marchnata'n barod... Ac mae ffilmie rhyfel, ffilmie trychineb, yn mynd yn dda –* Titanic, Saving Private Ryan...'

Chwarae teg i'r hogan. Doedd hi ddim yn fyr o hyder, na syniadau chwaith. Ond roedd yn dechrau meddwl ei bod hi wedi ei berswadio i gymryd gormod ymlaen. Duw a ŵyr, fe fu'r project yn ddigon â'i ladd rhwng y bwyd a'r tywydd tramor a'r PA bach bowld 'na yn ei ddilyn o fel gast yn cwna. Digon difyr yn ei ffordd wrth gwrs ac ambell noson yn ei chwmni yn ddigon cofiadwy ond gwyddai yn ei ddŵr ei fod yn dechrau pasio ei ddyddiad sell by *ac roedd ei ddiffyg stamina yn ei boeni, ei frifo hefyd...*

Wedi i Jan lwyddo i gael rhai o'r prif ffeithiau gan Eddie mewn ffurf ychydig bach mwy trefnus roedd yn amlwg ar bigau i symud ymlaen i'r peth nesaf ar ei agenda bersonol brysur.

'Mi edrycha'i ymlaen i glywed beth fydd ganddoch chi i'w ddweud wrtha'i felly. Mi ffonia'i chi'n hwyr pnawn fory. Mae gen i a Mel gwarfod i drafod ein cynigion ni am y flwyddyn nesaf hefo S4C tan 5. Gawn ni air yn syth wedi i ni orffen...'

A gadawodd Eddie Sullivan y swyddfa, exit stage left,

mor ddramatig ag ecstra hunanymwybodol mewn opera sebon,
gan adael chwa drudfawr o Calvin Klein *ar ei ôl.*

Roedd hi'n falch o weld ei gefn. Yr unig beth y teimlai fel ei
wneud oedd pwyso ei phen ar glustog feddal a chael cyntun am
ryw hanner awr. Efallai y byddai'n trio tabled gysgu heno er ei
bod yn gyndyn o wneud hynny. Ond os na wnâi rywbeth yn
fuan byddai ei meddwl yn dadfeilio'n raddol ac yn chwarae
mwy o driciau arni. Cawsai brofiad o hynny'n barod a
hithau'n dechrau amau pawb a phopeth o'i chwmpas. Ambell
gyfeiriad ar sgwrs, ambell ael wedi ei chodi, ambell enw,
ambell gof... Y cyfan yn magu rhyw arwyddocâd bygythiol.

'Cinio cynnar, Jan? Meddwl picio i'r deli. *Beth gymrwch*
chi?'

Derbyniodd gynnig Vicky gyda gwên bell gan ddiolch fod
rhai pethau beth bynnag yn parhau'n ddigyfnewid,
ddibynadwy.

'Sa'i'n gwbod shwt wyt ti'n gallu darllen a'r ffyrdd hyn
mor droellog!'

A bod yn hollol onest roedd ei stumog hi wedi dechrau
cwyno ers rhyw dair neu bedair milltir ond bu'r amser a'r
awydd i ddarllen mor brin yn ystod y dyddiau diwethaf
fel bod Saran am wneud y gorau o'r cyfle a hithau'n cael
mwynhau teithio heb yrru heddiw.

Roedd Llŷn ar ei orau, ei fynyddoedd mwyn yn
arddangos eu hunain heb gywilydd yn yr haul, yn rhydd
o'r cap o niwl isel a fyddai'n eu cuddio mor aml. Ar eu
ffordd i gartref ei rhieni am ginio Sul yr oedd hi a Gwyn
ac wrth i'r car wau ei ffordd ar hyd y lonydd culion, i
lawr o odreon yr Eifl i gyfeiriad Pistyll ac ymlaen,

edrychai o'r newydd ar yr olygfa nad oedd wedi ei gweld ers mis neu ddau bellach.

Ni fyddai'r olwg gyntaf o faeau Nefyn a Phortin-llaen byth yn ei siomi, y ddau fwa cyfochrog, y pellaf o'r ddau yn ymestyn i'r môr fel bys main glas, a rhyngddyn nhw y traethau gwyn lle y treuliodd sawl haf yn drochi, yn mwynhau ambell drip mewn cwch a lle, yn ddiwedd-arach, y magodd flas am *Guinness* wrth eistedd o flaen y *Tŷ Coch* ym Mhortin-llaen, ei bodiau yn tylino'r tywod a'r heli ar ei gwefus yn ychwanegu at flas cyfoethog yr hylif tywyll.

'Lle i enaid gael llonydd' – nes i'r ddamwain ei chwalu. Ond roedd yn benderfynol na fyddai'n rhoi lle i'r atgof hwnnw heddiw. Heddiw byddai'n hwyliog, yn rhannu ei newyddion, wedi ei ddewis a'i ddethol wrth gwrs, yn tynnu ar ei thad er mwyn iddi gael gweld ei wên ddiog, brin ac yn gwrando'n amyneddgar ar ei mam wrth iddi sôn yn annwyl am gampau diweddaraf plantos yr ysgol feithrin.

Ac os byddai ei mam, yn ei ffordd gynnil ei hun, yn digwydd cyfeirio at ei hwyneb llwyd a'i llygaid blinedig, byddai'n rhoi'r bai ar dipyn o bwysau gwaith yn ddiweddar a throi'r stori trwy ddynwared Merfyn ac Idw yn mynd trwy eu pethau, y naill mor gyfoglyd o gysact a'r llall yn ddiog, ddi-drefn ac ambell sgwrs rhyngddyn nhw yn fwy naturiol ddigri na'r un ddrama gomedi ddiweddar ar S4C.

Cyrraedd Sŵn y Môr, y tŷ y sianelodd ei thad gymaint o'i egni a'i gariad i mewn i'w godi wedi colli Llion. Tŷ modern, *split level*, wedi ei gynllunio gan bensaer lleol, yn gwneud defnydd helaeth o wydr, mor wahanol i'w cartref gwreiddiol ag yr oedd modd, ffordd ei thad o gladdu'r gorffennol a chychwyn gyda llechen lân. Yn ystod y blynyddoedd diwethaf sylwai Saran ei fod yn treulio cyfran helaeth o'i amser sbâr prin yn syllu trwy'r ffenest bictiwr ar yr arfordir rhwng Porth Nefyn a phentref Trefor, ar goll yn ei feddyliau, fel pe bae'n tynnu oddi ar nerth y tirlun hardd.

'Dach chi *wedi* cyrraedd!'

Yr un fyddai cyfarchiad ei mam bob tro, a'r geiriau, yn anfwriadol, yn atgoffa Saran yn ddi-feth o'r un daith honno a ddaeth i ben mor swta, greulon.

'Sut 'dach chi, Gwyn?'

'Sut wyt ti, was?'

A'r cyfuniad o arogl cig oen a phwdin reis traddodiadol yn eu denu i gyd mewn i'r gegin eang lle roedd ei thad eisoes yn estyn am y gwin o'r oergell. Cymryd cysur mewn mân siarad cartrefol cyn mynd ati i fwynhau'r pryd a hithau'n cadw at ei haddewid breifat i droedio'n ofalus â'i geiriau, i gadw pethau'n ysgafn.

'Mae Gwyn 'ma wedi 'mherswadio i i drio am swydd hefo Cwmni Newyddion Cymru.'

'Argian! A finna wedi cael yr argraff erioed nad oedd gen ti fawr o fynadd hefo'r 'cyfryngis' a'u campa'. Wedi newid dy feddwl felly?'

'Rhyw deimlo ei bod hi'n amser i mi symud 'mlaen. Mae'r gwaith hefo'r *Journal* yn ddigon difyr a'r criw yn hawdd gwneud hefo nhw ond...'

'Mi fasa'r pres y mae'r lleill yn 'i gynnig yn llenwi dy bwrs di'n dipyn mwy sylweddol na'r hyn y mae Gwilym Gol yn fodlon ei rannu.'

'Rhywbeth fel'na. Mae'na lot o resyma a deud y

gwir…' Ei gadael hi yn y fan honno rhag iddi ddechrau plymio i ddyfroedd dyfnion a Gwyn yn dod i'r adwy trwy gyfeirio'r sgwrs tuag at gemau rygbi a phêl-droed y diwrnod cynt. Ei thad yn ei elfen, yn cael trafod tactegau timau a phenderfyniadau dadleuol ambell reffarî. Ei mam yn rowlio ei llygaid yn bryfoclyd a'r ddwy ohonynt yn ddigon hapus i sipian eu coffi a gadael i sgwrs y ddau arall lifo drostynt yn ddioglyd.

Symud i'r 'stafell fyw a phori yn y pecynnau helaeth o bapurau Sul, yr *Observer*, y *Times* a'r *Wales on Sunday*. Byth ers iddo greu enw iddo'i hun fel lambastiwr y Cymry, am ba reswm bynnag, byddai Saran yn osgoi colofnau A.A. Gill fel y pla er bod yn rhaid iddi gydnabod fod gan y dyn ddawn sgwennu ddiamheuol. Cofiai'r miri a achosodd yn lleol wedi iddo gyhoeddi erthygl ar dŷ bwyta heb fod ymhell o'i chartref a'r llythyru a fu yn y Wasg, yn lleol a chenedlaethol. Naill ai roedd y boi yn gwbl ansensitif ac anwybodus neu yn gyfrwys tu hwnt, yn creu cynnwrf bwriadol er mwyn hybu ei yrfa fel sgwennwr pryfoclyd, diflewyn ar dafod. Roedd y boi yn rhy slic a hunandybus i'w chwaeth hi beth bynnag. Gwell ganddi hi arddull llai ylwch-chi-fi a sylwadau llawer mwy treiddgar rhywun fel Lynn Barber a'i chyfweliadau crafog.

'Ti'n moyn mynd mas am dipyn o wynt?'

I lawr am Morfa Nefyn a'i throi hi am draeth Portinllaen, lle llawer mwy deniadol yr adeg hon o'r flwyddyn heb y cychod drudfawr a'r acenion uchel o dros y ffin yn tarfu ar yr heddwch. Swatio rhag yr awel ddeifiol yng nghysgod un o'r bythynnod haf gwag a syllu allan ar y tonnau ewynnog yn dyrnu'r traeth yn ddidrugaredd.

'Mae'n ddrwg gen i am y dyddia dwaetha 'ma, Gwyn. Dwi wedi bod yn hen gnawas ddiflas i fyw hefo hi.'

'Mae 'da ti lot ar dy feddwl...'

'Y peth sydd wedi bod yn fy nghorddi i ydi nad ydw i ddim mymryn nes i'r lan, a rhwng fy mod i'n gorfod gwneud y mymryn ymchwil pathetig i'r stori rhwng petha mor gynhyrfus o ddiddorol â chyfarfodydd llys a chyngor a 'newyddion' lleol, pa siawns sy' gen i o ddatrys y peth byth?'

'Falle nad *oes* 'na ddirgelwch, Sar. Falle nad Dean wnaeth dy ffonio di'r prynhawn hwnnw. Falle mai damwain a hap oedd e yn hollol, yn union fel...'

Torrodd ar ei draws. 'Fedra'i ddim derbyn hynny! Pam 'i fod o mor awyddus i fy ngweld i yn y sbyty? Pam fy enwi *i*, mwy na neb arall? Mae hi'n ddyletswydd arna i...'

'Yr unig ddyletswydd sy' 'da ti yw gwneud dy waith hyd ore dy allu. Dim mwy, dim llai. Rwyt ti wedi rhoi cynnig teg arni, Sar. Dyw'r heddlu ddim wedi dod o hyd i unrhyw ffeithie newydd...'

'Ond dwi'n dal i ddod yn ôl at yr alwad ffôn 'na. Fedra'i ddim peidio â meddwl bod 'na gysylltiad...'

'Sar, gad e nawr. Edrych mla'n, w. 'Drych, dyw'r Nadolig ddim ymhell. Beth am gymryd hoe fach y penwythnos nesa – mynd i Gaer neu rywle, gwneud rhywfaint o siopa... Nele'r newid les i ti.'

'Ella dy fod ti'n iawn...' A mentro hanner gwên a chwpanu ei wyneb yn ei dwylo oer gan ei herio trwy syllu i fyw ei lygaid tywyll.

'Wrth gwrs 'ny, merch chi! Dere'n ôl i'r car. Mae'r gwynt 'ma'n ddigon i sythu dyn.'

Gadael ei rhieni wedi 'te bach' er eu bod yn gyndyn o godi pac a hwythau wedi dadmer mor drylwyr wedi eu tro ar y traeth. Ei mam yn gwthio bag o orennau a photyn o *multivitamins* i'w chôl wrth iddyn nhw adael. 'Cym' ofal, Saran bach. Ti'n edrach yn ddigon llwytyn…'

Ffarwelio a hithau'n diolch, wrth i Gwyn droi'r car tuag adref, ei bod yn rhy dywyll i neb fod wedi gweld ei llygaid yn llenwi'n sydyn, yn rhy dywyll hefyd iddi hithau fedru gweld dim mwy nag amlinelliad mynwent Bethania trwy ei dagrau poeth.

Pennod 12

'Ti am fentro'r sbeshial, y cawl cyri? Neu ydan ni am fynd am y cynnig arbennig – 'bargian yr Ŵyl am £3.95' – caserol twrci a'r trimins *a la* Al?'

'Dim byd mwy chwyldroadol na thaten trwy'i chroen i mi, diolch Cris. Dwi'n amau y bydda'i wedi cael mwy na llond tagell o dwrci cyn diwedd y mis yma.'

Eisteddai'r ddau yn lownj y *Llew*, Cris ar ei gythlwng ar ôl sesiwn digon sych yn y Pwyllgor Addysg, a gobaith Merfyn am *lead* go gryf oddi yno ar gyfer bore drannoeth yn diflannu fesul awr o drafod anysbrydoledig. Saran wedi bod yn cyfweld rhai o bobl busnes y dref ynglŷn â'r cynnydd, neu beidio, yn nifer eu cwsmeriaid wrth i'r Dolig nesáu.

Stori ddigon diflas i'w chofnodi oedd hi yn y bôn, yn union fel yr oedd hi wedi ei ragweld ar ôl ei phrofiad o ddilyn trywydd tebyg y llynedd. Ond doedd dim troi ar Merfyn. Hon oedd yr *angle* Nadoligaidd y dymunai roi sylw iddi yr wythnos hon. Yn ystod y pythefnos nesaf byddai'r *Journal* yn gweithio ei hun i fyny i uchafbwynt gorffwyll a gyrhaeddai ei anterth gyda thudalennau ar dudalennau o luniau partis ysgolion a dramâu'r Geni a chnwd o Siôn Cyrn, amrywiol eu maint a safon eu gwisg a'u locsys.

Yn ôl y disgwyl, cwynai'r rhan fwyaf o'r siopwyr am y datblygiadau *out of town* diweddar a'r ffaith fod canol y dref ei hun yn cael ei adael i fynd i'w grogi. Rhai, fel y siop grefftau a oedd wedi bod yn ddigon hirben i agor caffi yn rhan o'r adeilad, yn dweud bod eu gwerthiant rhywfaint i fyny ar y llynedd ond eraill, fel y siop lyfrau Gymraeg a'r gemydd, yn cwyno eu byd. Y naill yn rhoi'r bai ar gyndynrwydd diarhebol y Cymry i wario pan ddeuai'n fater o'r gair printiedig a'r llall yn bwrw ei lach ar rai fel *H. Samuel* a'u tebyg, heb anghofio'r cyngor tref a oedd yn fwch dihangol mor hwylus.

'Tasa'r town cownsil yn poeni mwy am fusnesa lleol a llai am drefnu jamborî ffansi ynglŷn â'r twinio 'ma hefo ryw dre nad oes 'na neb wedi cl'wad amdani, yn Ffrainc neu Sbaen neu rwla, mi fasa gen rhywun *chance*. Ond fel ag y mae hi mae hi'n dalcan calad uffernol...' cwynai Tomi Clocia, y gemydd.

Yr unig un oedd i'w weld ar ben ei ddigon oedd Now Cig, yr ordors am dwrci i fyny ers y llynedd a dipyn o fynd ar ŵydd 'leni hefyd. A Now, fel amrywiol drefnwyr angladdau'r dref, yn medru fforddio bod yn hael ei ganmoliaeth ac yn rhadlon ei wedd raenus, am ei fod o a hwythau'n gwybod, waeth beth y ffasiwn na'r hinsawdd economaidd, fod ganddyn nhw'r sicrwydd braf o gynulleidfa barod.

'Argian, mae hi'n gafael!'

Closiodd y ddau at y tân agored wedi i Cris roi'r ordor i Alun Llew a oedd, yn ei ddull egnïol ei hun wedi mynd i ysbryd yr Ŵyl, yn llachar liwgar mewn crys gwyrdd a choch a sbrigyn o gelyn yn sbecian allan o'i boced. Wedi meddwl, byddai Al yn un da i'w gynnwys yn ei herthygl meddyliai Saran. Pob amser yn barod hefo'i *soundbite*, yn feistr naturiol ar y grefft ymhell cyn i'r term fod yn ddim ond sglein yn llygaid Blair a'i *spin doctors* slic. O leiaf byddai'n fodd i roi dipyn o liw i'r achos, yn torri rhywfaint ar undonedd diflas barn gwynfannus y mwyafrif.

'Saran, deud wrtha'i os ydw i'n busnesu, ond sut mae petha'n mynd hefo stori damwain Dean Price? Dwi'm 'di bod yn licio gofyn llawar i ti rhwng bod Merfyn fel ag y mae o, yn ein gwthio ni i bob math o wahanol gyfeiriada am fod Gwilym Gol ar ei gefn o. Dwi'n methu dallt pam fod y boi mor paranoid ynglŷn â'r 'gystadleuaeth' gan y *Gazeteer* – papur chips os buo 'na un erioed.'

'Dwi'n gwbod. Tydi'r dyn fel mwnci pric weithia... Na, dydw i fawr nes i'r lan mae gen i ofn, Cris. A deud y gwir wrthat ti mae'r peth wedi bod yn fy nghael i i lawr braidd. Fedra'i ddim diodda dechra rhwbath a methu dod i ben â'i orffan o, yli. A waeth gen i be' ddeudith neb, dwi'n reit saff bod dipyn mwy i hyn na ddaeth i'r wyneb ar y pryd.' Nid oedd am ymhelaethu mwy hefo Cris ar y funud. Roedd y briw yn dal yn rhy beryglus o dyner i ddioddef archwiliad manwl.

'Cofia, os fedra'i helpu. Mi faswn i wrth 'y modd...'

'Dwi'n gwbod. Diolch i ti.'

Canolbwyntio ar y bwyd a Cris yn claddu'r cyri fel pe bae hi wedi stop tap ar nos Sadwrn a hithau'n cenfigennu wrth ei egni. Pum munud o bwyllgor sychlyd wedi'r fath wledd a byddai hi yn cwffio i gadw ei llygaid ar agor!

'Ydi'r enw "Sas" yn golygu rhywbeth i ti?'

Edrychai Cris yn gwestiyngar arni. 'Sas? Fedra'i ddim deud 'i fod o. Sas... ynglŷn â be' fasa hynny felly...'

'Dwi'm yn siŵr iawn. Cyffuria ella. Rhywbeth glywish i 'chydig o ddyddia'n ôl...'

'Sut un ydi o i edrach arno fo 'lly?'

'Pryd gola, gwisgo'i wallt mewn cynffon, wynab tebyg i lwynog braidd ganddo fo...'

'Sas... sgwn i be' ydi 'i enw go iawn o...? Mae gen i frith go' o foi tebyg yn y llys rhyw fis yn ôl. Mi fasa'n rhaid i mi fynd i chwilota yn fy nodiada. Wnaethon ni mo'r stori – Merfyn ddim yn teimlo 'i fod yn haeddu fawr o sylw – rhywbeth ynglŷn â pheidio talu leisans teli oedd o dwi'n siŵr.'

'Dim ond os bydd gen ti amsar cofia. Faswn i ddim yn licio dy gael di i drwbwl hefo Merf the *Perv*!'

'Wyt ti'n meddwl ei fod o'n *perv* go iawn?'

'Go brin! Piti hefyd. Dychmyga'r *headlines* tasa ni'n dod ar draws rhyw wendid tywyll dan wyneb strêt Merfyn S. Owen! A fasa dim rhaid i Gwilym Gol golli cwsg am gylchrediad nac am unrhyw gystadleuaeth o gyfeiriad rhecsyn fel y *Gazeteer* wedyn!'

Roedd Al Llew ond yn rhy falch o ymateb i'w chais am ddyfyniad neu ddau ar gyfer ei *vox pop* ar fusnesau'r dref yn ddiweddarach. Gyda phris hysbysebion wedi codi fel ag yr oedden nhw, gwyddai ei fod yn gyfle da i gael cyhoeddusrwydd am ddim ac, o safbwynt Saran, byddai ei olwg optimistaidd arferol ar fywyd yn fodd o greu rhyw fath o falans ar gyfer ei herthygl.

'Sti be', Saran, tasa 'na fwy o'r busnesa yn y dre 'ma yn cwyno llai ac yn codi oddi ar eu tina yn lle rhefru ar y cyngor fatha tôn gron, a gwichian fel rhyw gywion gog am friwsion o Iwrop mi fasa 'na well trefn ar y lle 'ma. Mae 'na gymaint o botenshial 'ma 'sti. Meddylia cymaint mwy y basa ni'n medru ei gynnig rownd y flwyddyn, dim ond jest yn yr ha. Iawn cael un sioe fawr yr adag honno, cael yr hoi poloi draw i wrando ar Bryn Terfel a ballu ond...'

Cyn i Al gael y cyfle i fynd i hwyl ar ben ei hoff focs sebon bachodd Saran ar y cyfle i'w arwain at un ychydig is na'r angylion na'r bariton o Bant-glas.

'Wn i ddim fasa ti'n medru fy helpu i hefo rhyw fatar bach arall hefyd, Al. Dwi mewn dipyn o gyfyng gyngor. Isio cysylltu hefo rhywun o'r enw "Sas". Mi roedd y boi wedi gadael neges i mi yn y swyddfa, ond ti'n gwbod fel mae hi'r adeg yma o'r flwyddyn, Julie dan bwysa ar y ffrynt 'na, rheseidia o gwsmeriaid am roi hysbysebion rhad yn y papur am feics mynydd, compiwtars a *Barbie dolls*... Mae gen i ofn bod manylion ei rif ffôn o a ballu wedi magu traed... Meddwl ella y basa ti'n digwydd bod yn gwbod 'i hanas o.'

Gweddïai na fyddai Julie yn digwydd taro ar Al yn ystod y dyddiau nesaf. Roedd gan y dyn gof eliffantaidd.

'Arglwy'! Be' fasa gan Sam Sutton isio'i ddeud wrthat ti tybad? Dipyn o ben dafad ydi'r boi a deud y gwir. Er nad oedd gan y cr'adur fawr o *chance* cyn cychwyn mae'n siŵr gen i. Colli ei fam pan oedd o'n ddim o beth, cael ei fagu gan ei nain, ei dad o i mewn ac allan o'r clinc. Wn i ddim lle'n y dre y mae o'n byw y dyddia yma ond fel o'n i'n clwad yn ddiweddar mae o'n gwneud rhywfaint o waith ar hyn o bryd yn warws *The Price is Right* – y siop degana rad 'na yng ngwaelod dre. Isio pres lysh dros Dolig mae'n siŵr. Mae o'n rhyw fyrath hefo drygs hefyd yn ôl y sôn. Ella 'i fod o'n dipyn o benci ond dydi o ddim yn foi i chwarae hefo fo chwaith 'sti, Saran. Cym' ofal.'

'Diolch am y cyngor, Al, ac am dy help. Wela'i di'n fuan.'

A hithau wedi cael yr erthygl Nadolig allan o'r ffordd mewn da bryd cyn diwedd y p'nawn, manteisiodd ar brysurdeb y *Perv* i orffen ychydig ynghynt nag arfer a'i throi hi i'r stad ddiwydiannol lle roedd warws digon disylw *The Price is Right*.

Llechai mewn congl llai *up market* na'r stiwdio deledu ddrudfawr a ffurfiai ganolbwynt pensaernïol go annhebygol i le mor draddodiadol, diddychymyg ei gynllun. Amgylchynwyd y stiwdio gan forderi wedi eu cynllunio i'r blewyn olaf o laswellt, logo'r cwmni yn cael ei arddangos yn gelfydd yn siâp artiffisial y llwyni ac, yn yr haf, ym mhatrwm y gwelyau blodau toreithiog.

Maes parcio tarmac a'r chwyn yn dechrau gwthio i fyny trwy'r meclin oedd steil *The Price is Right*. I'r naill ochr iddo, gweithdy bychan yn cynhyrchu arwyddion i gwmnïau 'waeth beth yw eich maint' a'r ochr arall, mecanic yn arbenigo mewn systemau electronig yn gweithio ar ei liwt ei hun. Pawb yn falch o fod mewn busnes ond fawr o amynedd nac arian i'w wario ar drimins ffansi.

Roedd drws bychan yn *up and under* y warws deganau yn gil agored a, chan rihyrsio ei neges o dan ei gwynt, mentrodd Saran i mewn i'r ffau gan gymryd eiliad neu ddwy i ddygymod â'r golau llachar.

Penderfynu dilyn sŵn *Atlantic 252* a ddeuai o gyfeiriad 'stafell fechan rhyw hanner ffordd i lawr y warws a chamu i mewn. Yno, roedd dau nobl yn chwarae gêm ddi-ffrwt o gardiau am yn ail â thynnu'n ddwfn ar ffag bob un.

'Chwilio am Sam Sutton ydw i. Ydi o yma'r pnawn 'ma?'

'Pwy sy'n gofyn?' hyn gan yr hynaf o'r ddau, a'i wg tywyll arni dros ei ysgwydd bron mor anghynnes â'r olygfa o rych ei din uwch ben ei jîns pyglyd.

'Saran Huws. Riportar hefo'r *Journal*. Dim ond isio sgwrs fer. Os ydi o'n gyfleus.'

'*Off sick* heddiw, sori'

'Ydi o'n debygol o fod yma 'fory?'

'Mi gei di drio…'

Ei gyd-weithiwr mor ddifynegiant, fud â delw.

'Mi adawa'i fy nghardyn i hefo chi beth bynnag, rhag ofn. Ella y basa fo'n medru codi'r ffôn?…' Cael ei gorfodi i'w adael yng nghanol y stomp ar ben y bwrdd pan na ddangosodd yr un o'r ddau unrhyw ddiddordeb yn ei gymryd oddi arni. 'Bosib y gwna'i alw 'fory beth bynnag.'

Go brin y byddai'r un o'r ddau *yna* yn ennill gwobr am Ofal Cwsmer! meddyliai. Ar ôl profi croeso myglyd y warws teimlai awyr cymharol iach stad ddiwydiannol Maes y Dre gystal â balm Gilead, beth bynnag oedd hwnnw hefyd, wrth iddi gerdded yn ôl yn ddiolchgar tuag at ei char.

O leiaf roedd cysur o ryw fath yn ei haros pan gyrhaeddodd adre. Yno yn disgwyl amdani roedd llythyr gan Gwmni Newyddion Cymru, yn ei llongyfarch am gyrraedd y rhestr fer ac yn cynnig cyfweliad iddi ymhen yr wythnos.

Pennod 13

'Gweld bod y *Journal* wedi dechrau mwydro llawn cymaint â'r ysgol 'ma am y Dolig!'

Anelodd Hefin Tomos, yr athro Chwaraeon, y papur yn gelfydd tuag at y bwrdd coffi yn yr ystafell staff nes ei fod yn glanio arno mor fanwl gywir â rhai o'i giciau rygbi chwedlonol.

'Saran yn cael ei chadw'n brysur?'

'Ti'n gw'bod fel mae 'ddi radeg hon o'r flwyddyn...'

'Ia... gas gin i'r peth wedi mynd a deud y gwir, ar wahân i'r ffaith ei fod o'n gyfla i gael dipyn mwy o lysh nag arfar, cyfla i lacio dipyn. Duw a ŵyr, mae digon o angen hynny y dyddia yma hefo'r blydi gwaith papur dragwyddol 'ma ar ein cefna ni. Os nad ydi o'n gofnod cyrhaeddiad mae o'n adroddiad ar rywbeth neu'i gilydd, yn gwrs anwytho, beth bynnag ydi hwnnw, neu'n arolwg. Ac ar ben hynny mae'r tîm rygbi hŷn 'leni yn griw o rêl blydi pansis...'

Dim ond dwy gêm yr oedd Syr Edward Puw wedi eu hennill yn y gynghrair hŷn y tymor yma, ffaith a oedd yn dân ar groen athro a oedd yn ymhyfrydu yn ei ddelwedd *macho*, yn cael *buzz* o gerdded yn dalog ar hyd y coridorau yn ei *joggers* lliwgar a'i *trainers* trendi, ac ni chollai'r cyfle i ladd ar y trueniaid a oedd yn ddigon anffodus i fod yn aelodau o'r pac hŷn presennol.

Gwenai Gwyn ar ei waethaf o wrando ar yr hen Hef yn

cwyno ei fyd. Beth pe bae ganddo'r mynydd papur yr oedd e'n ceisio ymlwybro trwyddo'n ddyddiol? Penderfynodd droi'r sgwrs.

'Shwt ma' trefniade'r parti staff yn mynd? Criw go dda?...'

'Rhyfadd i ti sôn, Gwyn, mi ro'n i ar fin gofyn i chdi...'

'Sa'i'n cymryd rhan mewn unrhyw gystadleueth *karaoke* leni, reit! Dim hyd yn oed i ti gw'boi...'

'Hold on, dal dy ddŵr Jenkins! Iesu, mae gynnoch chi betha'r Sowth 'ma ffiws fyr weithia! Y cwbwl o'n i'n mynd i ddeud oedd y bydda'i isio'ch ordors bwyd chi erbyn dechra'r wsnos nesa. O-ce? Mi wneith o safio amsar ar y noson, cyfla i sincio rhyw beint neu ddau ychwanegol yn y *Bistro* yli. Pwysig oelio'r gewynna a'r llais yn iawn yr adag yma o'r flwyddyn tydi, Lea?'

Edrychai hithau arno mewn penbleth wrth i'r ddau basio ei gilydd ym mynedfa'r 'stafell staff. 'Am be' oedd Hefin Horni'n mwydro rŵan dwêd? Tasa fo'n meddwl llai am arddangos 'i *lunch box* yn y dillad ponslyd 'na a mwy am gael trefn ar ei dima' rygbi...'

Chwarddodd yn uchel. 'Paid sôn...'

'Mi geith o a phawb arall gadw eu *lunck boxes* am y tro tasa hi'n dod i hynny. Panad ydw i'n ei chrefu rŵan!'

'Fy nhro i os wy'n cofio'n iawn...'

'Paid â gadael i mi dy styrbio di...'

'Popeth yn iawn. Rho di dy dra'd lan am funed neu ddwy ond paid â darllen y *Journal* yn rhy fanwl os wyt ti'n dal i deimlo braidd yn grac 'da'r Dolig. Ma' fe'n llawn o 'hwyl yr ŵyl' er bod Saran wedi llwyddo i

gynnwys elfen tipyn mwy difrifol, siopwyr lleol yn gweld
eisie mwy o fusnes ac ati...'

'Ia, dwi wedi darllan hwnnw a deud y gwir. Mi fydda'
i'n mwynhau ei herthygla hi bob amser. Ar ei phrysura
rŵan mae'n siŵr...'

'Odi, glei...'

A hithau'n eistedd yno, ei phen ar fymryn o ogwydd,
ei hwyneb yn llawn diddordeb diffuant, teimlai Gwyn,
yn gam neu'n gymwys, ei bod yn ei annog i ymhelaethu.
Nid mewn unrhyw fodd bygythiol, busneslyd ond fel pe
bae hi'n synhwyro ei bryder, yn awyddus i wrando, i
rannu. Ac fe'i cafodd ei hun yn dechrau sôn wrthi am rai
o ddigwyddiadau'r wythnosau diwethaf, y ddamwain a'i
heffaith ac yntau'n poeni fod Saran, wrth ail-fyw'r
gorffennol, yn colli golwg ar wir werth newyddiadurol y
stori, heb sôn am realiti, ar adegau. A'r mur rhyngddyn
nhw yn codi'n raddol uwch, meddyliai.

'Dyw'r ffaith fod rhywun wedi rhacso ei char hi
neith'wr ddim yn help i'r achos chwaith.'

'Be' ddigwyddodd felly?'

'Cyrr'edd y car ar ddiwedd y dydd. Mae hi'n ei barco
fe yn yr un lle bob dydd, tu fas i'r hen sinema 'na ym
mhen draw Stryd y Castell. Rwy wedi sôn wrthi fwy nag
unweth ei fod e'n hen gongl dywyll... Ta p'un i, roedd
rhywun wedi torri ffenest y gyrrwr ond heb gymryd dim
o'r car, sy'n beth uffernol o ryfedd, dim ond gad'el copi
o'r *Journal* wedi ei dorri'n bishys mân ar y sedd fla'n...
mae hi'n credu ei fod e'n gysylltiedig 'da'r stori hyn am y
ddamwain a'r cyffurie. Ond sa 'i'n siŵr. Sa' i'n siŵr o
unrhyw beth y dyddie hyn a dweud y gwir...'

'Mae'n ddrwg gen i, Gwyn. Hei! Well i mi gymryd y

baned 'na oddi arnat ti cyn iddi droi'n sowldiwr yn dy law di!'

'Mae'n flin 'da fi...' Ond ni allai Gwyn Jenkins benderfynu beth a wnâi iddo deimlo mor rhyfedd o euog ar yr union funud honno, y ffaith iddo lwytho Lea Parri â'i broblemau yn ei hamser hamdden prin neu oherwydd iddo ei chael hi mor rhwydd i agor ei galon iddi...

Draw yn y *Journal*, yr hyn a boenai Merfyn S. Owen oedd amserlen y *deadlines* o hyn tan y Nadolig a sut yr oedd am lwyddo i gadw ei bwyll yn y cyfamser, rhwng bod Gwilym yn dal ar gefn ei geffyl ynglŷn â'r *Gazeteer*, a'r staff, ar eu gwaethaf, yn dechrau ymlacio wrth i'r Wŷl nesáu.

Waeth cydnabod fod Idw ar ei wyliau'n barod. Roedd hi'r un fath bob Nadolig. Lle gynt y byddai Idris Wyn yn taflu ei hun i mewn i'r miri gydag arddeliad roedd wedi sylwi ar newid yn ystod y blynyddoedd diwethaf, bron fel tae rhyw iselder tymhorol yn gafael ynddo ac yntau'n mynd trwy'r moshiwns heb fawr o egni na brwdfrydedd tuag at ei waith, na hyd yn oed y dathlu.

Diolch am Cris a Jon B. Gallai ddibynnu ar y ddau yna i lenwi'r colofnau'n ddigon ddidrafferth. Y naill yn parhau i fod yn ddigon newydd i'r busnes a'r llall yn dal i gael cymaint o gic o weld ei enw mewn print ac o gael hobnobio hefo rhai o 'enwogion' y sîn gerddorol gyfoes Gymreig fel nad oedd fawr o broblem eu cael nhw i godi gêr neu ddwy er mwyn cyrraedd y nod.

Ond am Saran, roedd yn llai sicr amdani hi eleni. Heb unrhyw ddadl, hi oedd â'r ddawn sgwennu orau o ddigon o blith y criw, a'r trwyn gorau am stori hefyd. Ond ei gwendid hi oedd ei bod hi'n tueddu i gymryd pethau ormod at ei chalon ar adegau. Cymrwch chi'r stori 'ma am ddamwain Dean Price er enghraifft. Er iddo drio ei throi hi bob ffordd gwyddai ym mêr ei esgyrn ei bod hi'n dal i rygnu arni, yn chwilio am *lead* lle nad oedd dim, yn gweld arwyddocâd lle nad oedd dim ond cyd-ddigwyddiad.

Yr unig beth a allai ei wneud oedd dal i'w llwytho efo straeon eraill yn y gobaith y byddai'n graddol golli diddordeb yn y trywydd arbennig yna. Yn y post y bore hwnnw, cafodd gadarnhad swyddogol fod rheswm arall am ei phellter meddwl y dyddiau yma hefyd. Llythyr gan Gwmni Newyddion Cymru yn ei holi am eirda ar ei rhan. Nid ei fod yn synnu. Roedd wedi sylwi ar yr hys-bysebion am y swyddi gohebwyr. Yr hyn a'i synnai ef oedd ei bod hi wedi cymryd cymaint o amser i ymgeisio am swydd o'r fath.

Dyna fu'r patrwm ers blynyddoedd bellach. Papurau lleol yn colli'r 'hufen' i'r Cyfryngau a'u cyflogau hael a phwy allai feio'r gohebwyr? Cyn gynted ag yr oedden nhw wedi cael eu hyfforddi, i ffwrdd â nhw i borfeydd brasach. Roedd wedi hen roi'r gorau i ddarbwyllo Gwilym Gol a'r cwmni i gynnig cyflogau uwch.

Yr hyn a flinai Merfyn yn fwy na dim oedd gweld sgwennwyr da yn cael eu llyncu gan y system ac yn cael eu gorfodi i roi eu dawn, a'u hacen Ogleddol yn amlach na pheidio, o'r naill du er mwyn cynhyrchu rhes o adroddiadau dyddiol unffurf, ar bynciau digon di-ddim weithiau, ac yn ailbobi straeon a gynhyrchwyd ar gyfer y cyfryngau Saesneg yn y lle cyntaf. Lle roedd y boddhad mewn peth felly?

'Unrhyw syniad lle mae Saran, John?'

'Wedi mynd i gadw cwmni i Cris ar y joban 'na yn stiwdio Maes y Dre os wnes i ddallt yn iawn. Tra oedd o'n mynd i gael gair hefo sgriptwyr a chynhyrchydd y ddrama gyfres newydd 'na ar y Cynulliad, a gair hefo'r A.S. lleol i gael ei farn o ar y peth, roedd hi'n gobeithio cael cyfweliad portread hefo'r ferch sydd yn actio rhan yr aelod seneddol, Cari, yn y ddrama. Meddwl y basa 'na dipyn o *mileage* yn y peth ar gyfer *Genod Ni*, dwi'n meddwl. Mi fasa'n werth i chi weld y lle 'chi. Maen nhw wedi codi set anhygoel yna, y trimins i gyd...'

'Ia, mi wn i... mi wn i... Mi wnes i ofyn i Cris fynd wrth gwrs ond wnaeth Saran ddim sôn yr un gair...'

'Diolchwch fod 'na rai yn dangos dipyn o fentar yn y lle 'ma, Merfyn!'

'Mmm...'

Esgus oedd y trip i'r stiwdio i fynd draw i weld y warws eto, wrth gwrs. Gobeithiai fod yr hen Jon B. wedi llwyddo i ddarbwyllo Merfyn fod ei chymhellion hi'n rhai gweddol anrhydeddus. Fel roedd hi'n digwydd cawsai ei siomi ar yr ochr orau gan Fflur Wyn, yr actores a oedd yn chwarae rhan Cari. Yn ôl y 'nhw' annelwig hynny sydd â'u bys ar byls y cyfryngau Cymreig dyma ateb Cymru i Daniela Nardini ac yn wir, o ran ei golwg a'r math o gymeriad a chwaraeai, mae'n debyg fod peth tebygrwydd.

Go brin y câi hi'r cyfle i gyfweld yr actores Albanaidd byth ac ni allai gymharu eu personoliaethau oddi ar y llwyfan a'r sgrîn. Y cyfan a wyddai oedd iddi fwynhau cwmni Fflur, dim awgrym o'r *prima donna* amdani a diddordebau eitha eang y tu allan i faes cyfyng a chystadleuol actio. Byddai'n ddigon hawdd iddi fflawntio ei gradd o Rydychen a'i phrofiad tymor yn Stratford ond, fel gyda phawb â gwir dalent, dewisodd beidio â gwneud môr a mynydd o bethau felly a chanolbwyntio ar ateb cwestiynau Saran mor gryno a difyr ag y gallai.

Yn y cyfamser roedd Cris yn mynd i hwyl gyda chynhyrchydd y sioe a, rhag iddi darfu arno a pheri ei fod yn colli tamaid allweddol o'r stori, penderfynodd wneud ei ffordd tuag at *The Price is Right*, rhag ofn. Gan ei bod ar droed fyddai hi ddim mor amlwg ac roedd hi'n dechrau tywyllu'n barod beth bynnag.

Waeth iddi heb ddim. Erbyn iddi gyrraedd roedd y drws wedi ei gloi'n sownd a dim golwg o enaid byw ar gyfyl y lle. Ei throi hi'n ôl am y stiwdio'n anfoddog, jest mewn pryd i gyfarfod Cris yn y cyntedd. Hwnnw'n diolch yn llaes i'r criw am eu hamser ac yn amlwg yn ysu am gael dychwelyd i'r swyddfa i gael dechrau rhoi trefn ar ei nodiadau'n syth.

Gadawodd iddo fwrw ei fol yr holl ffordd yn ôl. Gwyddai teimlad mor braf oedd cael rhoi trefn lafar ar gyfweliad a thrwy hynny gael syniad go bendant o sut yr oedd rhywun yn mynd i daclo'r stori wedi cyrraedd y cyfrifiadur.

'Saran! Mae'n ddrwg gen i! Mae'n siŵr 'mod i wedi dy fyddaru di'n wirion erbyn hyn!'

'Paid â phoeni, Cris. Mi roedd hi'n ddigon difyr...'

Stopiodd yn ei hunfan wrth iddyn nhw nesáu at y swyddfa. Yno, yn pwyso'n ddiog yn erbyn desg y dderbynfa, yn rhannu perlau ei ddoethineb amheus efo

Julie, roedd neb llai na'r dyn ei hun. Gŵr y gynffon olau a'r iaith goeth, Sam Sutton. Y gloynnaidd 'Sas'.

'Fedri di 'ngollwng i yma plîs, Cris? Dwi'n meddwl mai wedi dod i fy ngweld i y mae'r gŵr bonheddig yna.'

'Ond...'

'Wela'i di'n y munud.'

Doedd dim amser i'w golli. Roedd Saran yn awyddus iawn i holi Mr Sam Sutton ac edrychai ymlaen at gael ateb i sawl cwestiwn a fu'n ei chorddi yn ystod y dyddiau diwethaf.

Pennod 14

Safai'r ddau yn ffenest yr ystafell wely yn edrych i lawr ar brysurdeb y stryd islaw ar derfyn diwrnod gwaith. Yno, yn y tywyllwch, a goleuadau'r addurniadau Nadolig a'r rhesi ceir yn wincio ac yn adlewyrchu ar y chwareli gwydr, tylinai ei hysgwyddau tra safai hithau yn hollol llonydd, â'i chefn ato, heb yngan gair. Dyna oedd y drefn, yr hyn a'i plesiai, a gynyddai'r wefr.

A'i anadl yn llaith ar ei gwar, gwyliai ei ddwylo yn crwydro'n is, yn amlinellu ymchwydd a hafnau ei chorff hael ac yna ei fysedd yn chwilota'n farus am ei chraidd cynnes trwy'r deunydd sidan.

Anwes am yn ail â chur, coflaid am yn ail â cherydd ac yna, o'r diwedd, wedi'r munudau hir, hir o ymatal blin, rhuthro'n ddidostur i'w benllanw ynddi a'i henw, wrth iddo floeddio ei ryddhad, yn llenwi'r ystafell fyglyd.

A'i chleient yn ei thalu'n hael am ei mudandod goddefol, ni allai'r ferch wneud dim ond syllu'n dawedog trwy'r ffenest agerog, ei hysgwydd yn dechrau cyffio dan bwysau marwaidd ei ben, gan holi ei hun am yr ail waith o fewn ychydig ddyddiau: 'Pwy gythral ydi Jan?'

Rhoddodd Saran y nofel o'r naill du am y tro gan duchan yn ysgafn o dan ei gwynt. Roedd hi'n ddiamynedd am i'r stori ddod i fwcwl a chael gweld y llinynnau'n dod ynghyd ond yn naturiol roedd yr awdur am arwain y darllenydd i amryw o gyfeiriadau eraill gyntaf a thaflu tipyn mwy o gliwiau i'w chyfeiriad cyn cau pen y mwdwl. Ac wedi darllen bron i ddau gant o dudalennau erbyn hyn nid oedd am ildio i'r demtasiwn blentynnaidd o neidio i gefn y llyfr i gael yr ateb. Gwyddai y byddai'n deimlad anfoddhaol, gwag, fel darllen llythyrau caru ffrind gorau yn slei bach.

Chwarae teg i'r nofelydd hefyd. Y gwir amdani oedd ei bod hi'n ei chael yn anodd gwneud cyfiawnder ag erthygl fer, gymharol ddisylwedd mewn cylchgrawn merched y dyddiau yma, heb sôn am lyfr, rhwng bod ei phen yn llawn o ddatblygiadau'r oriau diwethaf a'i meddwl yn gwibio fel glöyn.

Un ar ddeg ar nos Wener a gorweddai ar ei phen ei hun yn y gwely, Gwyn wedi mynd allan efo rhai o griw y clwb rygbi a'r llonydd yr oedd hi'n ei grefu ychydig oriau'n ôl yn dechrau pwyso arni bellach. Y dadansoddi diddiwedd yn ei harwain mewn cylch di-dor a'i phen yn dynn.

Mynd trwodd i'r gegin fechan a thywallt llymaid o wisgi iddi ei hun, dŵr poeth ar ei ben a llwyaid o fêl, yn y gobaith y byddai'r gymysgedd yn llwyddo i ennyn cwsg lle y methodd y llyfr yn llwyr. Ond i ddim pwrpas. Er iddo ei chynhesu am bwl, ni lonyddodd ddim ar chwrli-gwgan ei meddwl a'r geiriau a'r delweddau ynddo yn dawnsio, fel ffilm yn cael ei rowlio 'mlaen ar gyflymder gorffwyll.

Sŵn drws y fflat yn clepian y tu cefn iddo ymhen hir a hwyr a hithau'n galw ei enw. 'Fydda'i yna nawr!' A hithau'n gwybod na fyddai, na fynnai ddod ati ar y funud nac am beth amser, wrth ei glywed yn troi'r teledu ymlaen a gwich gyfarwydd y soffa yn dweud wrthi ei fod wedi setlo ei hun yn gyfforddus o'i flaen.

Dim amdani felly ond edrych yn ôl unwaith yn rhagor ar ddigwyddiadau'r dydd gan addo iddi hi ei hun mai dyma'r tro olaf...

Wedi i Cris, dan brotest, ei gollwng allan o'r car o flaen swyddfa'r *Journal* camodd yn fwy hyderus nag y teimlai tuag at y fynedfa. Roedd hi'n amlwg fod y Gynffon wedi blino disgwyl amdani ac yr oedd ar droi ar ei sawdl, yn edrych yn hollol ddiamynedd, pan gafodd ei stopio'n stond ganddi. 'Sam Sutton, ia? Lwc i mi'ch dal chi. Wedi bod yn trio cael gafael arnoch chi ers dipyn rŵan...'

'Chdi di'r fodan fuo yn y warws y d'wrnod o'r blaen ia? hefo'r cardyn? Mi roedd yr hogia'n deud dy fod ti'n dipin o bishyn...' Ei ddwylo yn creu siapiau awgrymog a'i dafod yn gwibio i mewn ac allan o'i geg fel sarff o'i go.

'Well i ni fynd i fyny i'r swyddfa dwi'n meddwl...'

'O... wela i! Dipyn o hanci panci a ballu gynta ia?...'

'Efo chi? Go brin...'

O weld nad oedd ei *charm offensive* arferol yn cael unrhyw effaith arni trodd Sam Sutton du min ar unwaith.

'Hei! Hold on. Dydw i ddim yn mynd i unrhyw blydi offis hefo chdi heb gael gw'bod pam. Be' ddiawl 'di'r gêm? Mi wna'i dy gael di am *harrassment... invasion of privacy...* Dwi'n gw'bod fy hawlia'...'

Wyt m'wn 'ngwas i, meddyliai. Chdi ydi'r teip sy'n gwybod dy hawliau o'r crud, a hwythau'n cael eu drymio i mewn i dy ben di o'r dechrau, yn union fel yr oedd y *Rhodd Mam* yn cael ei ddrilio i bennau plant bach dipyn mwy syber na fuest ti erioed, yn yr Ysgol Sul ers talwm.

'Hei! Dwi'n dy gofio di rŵan hefyd. Chdi oedd yn y

Paragon y noson o'r blaen de? Dy dafod di'n hongian allan amdano fo os dwi'n cofio'n iawn. Despret am shag, methu tynnu dy lygaid oddi arna'i...' Ei gluniau yn gwau yn awgrymog.

Ni allai Julie ddiodde dim hwy. 'Saran...'

'Mae'n iawn, Julie. Ti'n gwbod be' maen nhw'n ddeud am y llestri gweigion... Mae'r un peth yn wir am ddynion a seis eu tacl 'sti... Iawn... Os mai felly mae ei dallt hi, Mr Sutton, mi gawn ni sgwrs bach yma ta...'

Heb yn wybod i'r Gynffon roedd Cris wedi dod i mewn i ganol y ddrama erbyn hyn gan sefyll yn dawel, ddisymud y tu cefn iddo ac ni allai'r ymwelydd anghynnes adael bellach ar chwarae bach.

'Ydi'r enw Dean Price yn golygu rhywbeth i chi?'

'Dean Price?... Hwnnw gafodd 'i ladd yn yr *accident* 'na?... Welish i rwbath yn papur. Be' amdano fo felly?'

'Wrthi'n gwneud stori amdano fo. Wedi bod yn holi dipyn am 'i gefndir o a ballu. Dallt eich bod chi'n dipyn o ffrindia...'

Fyddai o ddim callach ei bod hi'n eu rhaffu nhw, siawns.

'Arglwy! Ti 'di colli dy farblis go iawn rŵan, con. Ella mod i wedi gweld y boi o gwmpas dre, yn y pyb a ballu, ond dydw i ddim yn cofio siarad hefo fo rioed, heb sôn am fod yn fêts hefo fo...'

'Ti'n siŵr?'

Trodd ei ben yn sydyn o glywed llais dwfn Cris yn ei holi y tu cefn iddo.

'Arglwy Grist! Be' 'di hyn? Blydi *inquisition*?...'

Roedd y 'Sas' cŵl yn dechrau chwysu rŵan.

''Rioed wedi taro arno fo, gwneud *deal* bach hefo fo

neu hefo un o'i fêts?... Ti'n gwbod be' sy' gen i...'

'Yli... ar y marw... Dwi'm yn gwbod lle ti'n cael dy *intelligence*, boi , ond mae 'na uffar o goc oen yn rhywle wedi ei chael hi'n hollol rong tro 'ma... A phan ga'i afa'l ynddo fo...'

Synhwyrai Saran ei fod yn dechrau simsanu.

'Ylwch, dim ond trio gneud ein job ydan ni, Sam. Trio darganfod be' ddigwyddodd i Dean, dyna'r cwbl.'

'*Hit and run* oedd o medda'r moch, ia? A cyn i chi ofyn, dydw i *ddim* yn dreifio ar y funud. Dim leisans. Cael copsan dri mis yn ôl. Fedrwn i ddim blydi fforddio'r jiws beth bynnag... Ylwch, doeddwn i ddim yn nabod y boi, wnes i rioed dwtshiad pen 'y mys ynddo fo, wnes i rioed unrhyw 'ddîl', chwadal chditha, hefo fo. Iawn?'

'Gwybod rhywbeth am y *break in* wrth ymyl yr hen *Luxor* y noson o'r blaen ta? Ffenast car wedi malu? Peugeot bach gwyrdd, J-reg, y car call cynta i mi fedru ei fforddio. Mae gen i dipyn o feddwl ohono fo, chi...'

Gallai synhwyro eiliad neu ddwy o oedi a chlywed cranc gwichlyd yr olwynion wrth i'w feddwl geisio creu stori neu ymateb a fyddai'n dderbyniol. Penderfynodd chwarae'n saff a chadw ei feddyliau iddo'i hun.

'Wrth lwc i'r sawl fu'n gyfrifol, does gan y cops fawr o ddiddordeb mewn dilyn y peth i fyny. Gormod o hyn yn digwydd o gwmpas y dre rŵan meddan nhw. Ac mi roedd pwy bynnag wnaeth y job yn gwybod yn union beth oeddan nhw'n ei wneud. Dim ôl bysedd yn unlle ylwch. Ond mae gen i fy syniadau...'

Gwyddai na châi ddim mwy ganddo ac nid oedd am wthio ei lwc. Amneidiodd ar Cris iddo symud o'r naill du.

'Cofiwch, os glywch chi rywbeth pellach am Dean Price, mi fyddwn ni'n falch iawn o gael gwybod...'

Ei adael i fynd, a chyn gynted ag yr oedd y drws rhyngddo a nhw codi dau fys ar y tri, yn orchest gwag i gyd, cyn ei throi hi, dan fwmian dan ei wynt, i gyfeiriad y *Ship*. Arogl sur ei chwys yn hongian yn dawch yn y dderbynfa fyglyd.

Bu'n troi'r sgwrs yn ei meddwl byth ers hynny. Yn seiadu efo Cris uwch ben paned, yn ddigon pell o olwg Merfyn, yn syth wedi'r cyfarfyddiad, ac yna wedi cyrraedd adref. A'i dyfalu diddiwedd yn amlwg yn tarfu ar Gwyn o dipyn i beth ac yntau'n cyhoeddi ymhen hir a hwyr ei fod wedi trefnu cwrdd â rhai o'r bois yn y clwb rygbi ac y byddai'n bwyta yno.

Hithau'n diolch am gyfle i gael rhoi trefn ar ei meddyliau gwibiog ond yn sylweddoli, waeth o ba gyfeiriad yr edrychai ar y sefyllfa, waeth faint o ddadansoddi a wnâi, waeth pa mor aml y ceisiai ddwyn i gof oslef ei lais ac ambell edrychiad ganddo, nad oedd hi fymryn yn nes i'r lan mewn gwirionedd. Ac eto...

Mae'n rhaid ei bod wedi cysgu am bwl wedyn gan mai ei chof nesaf oedd clywed Gwyn yn dod i mewn i'r 'stafell wely ar flaenau ei draed ac yn gorwedd yno, wrth ei hymyl, heb gyffwrdd ynddi. Bron na allai ei glywed yn meddwl yn y gwyll, ei freichiau yn glustog galed o dan ei ben. Hithau'n gorwedd ar ei hochr, yn trio cadw ei hanadlu'n rheolaidd, yn ysu am gydio ynddo ac eto'n dal yn ôl, yn ofni estyn ato ar draws y bwlch rhyngddyn nhw, nid yn unig yng nghynhesrwydd twyllodrus y gwely ond y tu allan iddo hefyd.

Pennod 15

P'nawn Sadwrn cyn y Nadolig yng Nghaer. Y ddinas
syber arferol o dan ei sang a'r môr merfaidd o wynebau a
ddeuai i'w cyfarfod ar hyd y brif stryd yn codi pendro
arni. Roedd hi'n hawdd adnabod y cwsmeriaid lleol, y
merched graenus yn eu siwtiau drud a'u hwynebau wedi
eu coluro'n gelfydd, galed. Heddiw cydgerddai y rhain
gyda'r byd a'i bobl a ddaeth i gymryd rhan yn y ddefod
flynyddol wallgo, nifer fawr ohonyn nhw fel hithau o
dros y ffin yn ôl yr acenion Cymraeg a glywai yng
nghanol y berw. A'u pytiau sgwrs yn ei hatgoffa o'r
ddefod flynyddol arall honno, ar faes yr Eisteddfod
Genedlaethol.

'Wela'i chdi o flaen *Marks* ymhen rhyw hanner awr,
iawn...'

'Pryd wyt ti isio cwarfod am baned?'

'Daron, rho'r gora' i'r swnian 'na, da chdi!'

'Mi faswn i'n licio picio i mewn i *Boots* jest *un* waith
eto, os ga'i.'

Perfformwyr stryd, yn gobeithio manteisio ar y *feel
good factor* byrhoedlog, yn cystadlu yn erbyn ei gilydd am
y gyfran orau o friwsion y prynwyr-munud-olaf a'r
cyfuniad o *jazz*, cerddoriaeth telyn Geltaidd a *karaoke* yn
mwydro ei chlustiau ac yn codi cur arni. Sôn am ysbryd
yr ŵyl!

Ffoi oddi wrth y llanw di-droi'n-ôl trwy ddringo'r

stepiau serth i'r *rows* dan do ac er bod y criwiau'n deneuach yno, a'r sŵn rhyw gymaint yn llai amlwg, yr un oedd y naws a châi ei hun yn dyheu am fod yn crwydro unigedd gaeafol Llŷn, ei hwyneb tuag at y môr a'i hysbryd yn dawnsio hefo'r tonnau gwyllt.

Cysgu'n hwyr a wnaethon nhw wrth gwrs. Fawr o syndod dan yr amgylchiadau. Ac er nad oedd calon yr un o'r ddau yn y fenter, a'r syniad o godi allan i daclo siopa Dolig yn apelio llai fesul munud, nid oedd yr un o'r ddau yn fodlon cyfaddef hynny yn agored. A'r canlyniad? Cyrraedd Caer ar yr adeg gwaethaf posib', at ddechrau'r pnawn, a'u geiriau prin yn troi'n brinnach wrth orfod cwffio am le parcio pitw, tymhorol ddrud, cyn cerdded yn dawedog i ganol y ddinas ferw.

Trefnu i wahanu am ryw awr neu ddwy wedi cyrraedd oherwydd bod amser yn dynn, oherwydd eu bod yn falch o gael cefnu ar eu dieithrwch hefyd, a hithau'n methu â phenderfynu p'run oedd orau, bod yn ddigalon yng nghwmni Gwyn, neu ar wahân iddo.

Gallai daeru fod yr addurniadau llachar a'r goleuadau gwibiog yn ei gwatwar wrth iddi grwydro o ffenest i ffenest yn dyheu am lygedyn prin o ysbrydoliaeth. Ffoi yn y diwedd i un o'r siopau llyfrau cadwyn ffasiwn newydd, y rhai â'r cynllun agored a'r prisiau cystadleuol. Mwynhau'r moethusrwydd o gael pori rhwng y cloriau amrywiol, ymgolli heb orfod poeni fod rhyw gynorthwy- ydd persawrus yn mynd i hwrjio 'cynnig arbennig' y dydd arni, ffoi am dro i fyd dychymyg...

'Felly! Fama wyt ti'n cuddio ar bnawn Sadwrn ia, 'rhen goes?'

'Idw!'

Safai yno, yn edrych yn ddieithr, ddibersonoliaeth allan o'i gyd-destun, a bagiau siopau Nadoligaidd lond ei hafflau.

'Y ffair Gaer ma'n mynd dan dy groen ditha hefyd?'

'Dwi'n cael fawr o hwyl arni. A chitha?'

'Barod i fynd adra erbyn hyn. Picio i mewn i nôl llyfr diweddara Delia i Nora 'cw cyn ei throi hi – rhyw bresant bach i godi ei chalon hi cyn y Dolig. Dydi hi'n mynd allan fawr ddim yr adag yma o'r flwyddyn 'sti... Dim mod i'n gweld bai arni'n cadw draw o'r Gehena 'ma chwaith ar f'enaid i!'

Er gwaethaf ei sŵn a'i orchest arferol, edrychai Idris Wyn yn flinedig, welw a goleuadau didostur y siop yn tanlinellu pob blwyddyn o'i oed, ei wefusau'n grimp, yn wyn yn y conglau, ac arogl sur hen sigaréts ar ei wynt.

''Ti'n ffansi panad? Fedra'i ddim meddwl am ddreifio adra heb rwbath cynnas yn fy mol. Ac mi fasa cwmpeini pishyn ddela'r *Journal* yn cnesu'r galon hefyd.'

A dyna sut y cafodd Saran ei hun yn rhannu te, a'r hyn a alwai Caer yn fara brith, gydag Idw pryd y dylai hi fod yn torri cefn ei siopa. Nid ei bod hi'n cwyno. Roedd hi'n fwy na pharod i roi'r ffidil yn yr hosan Dolig.

'Ar dy ben dy hun wyt ti?'

'Na, mae Gwyn yma hefyd. Meddwl y basa ni'n gwneud mwy wrth fynd o gwmpas ar ein liwt ein huna'n.'

'Gobeithio 'i fod o wedi cael gwell hwyl na chdi beth bynnag.' Amneidiodd ar yr un bag tila yr oedd hi wedi ei gasglu yn ystod yr awr ddiwethaf.

'Sgen i fawr o fynadd leni rhwng pob dim, 'chi Idw.'

'Duw! Hogan ifanc heini fatha chditha? Meddwl y

99

basat ti'n falch o'r cyfla i grwydro'r siopa', joio parti neu ddau, esgus am sws neu ddwy neu dair o dan y misylto...'

'Tydw i'n rêl poen 'dwch! Y drwg ydi, mwya'n y byd dwi'n trio, anodda'n y byd ydi hi...'

'Dwi'n gwbod, cyw. Mae hi'n hen adag annifyr o'r flwyddyn i lawar...'

'Dod â bob math o atgofion yn ôl.'

'Ydi... a dydi o'n mynd yn ddim haws, coelia di fi.'

Edrych arno'n gwestiyngar ac, am nifer o wahanol resymau, ei flinder, y cyd-destun gwahanol, y baned, y sigarét ymlaciol, a'r ffaith hefyd fod Saran i raddau yn dwyn i gof y Nora ifanc y syrthiodd dros ei ben a'i glustiau amdani, penderfynodd Idris Wyn agor ei galon feddal, friw iddi ar yr union funud honno.

"Tasa'r mab 'cw wedi cael byw, mae hi'n hollol bosib' y basa ni'n Daid a Nain erbyn hyn. Dyna pam mae'r hen Nora wedi rhoi 'i chas ar y Dolig i'r fath radda' y blynyddoedd dwaetha 'ma weldi. I weld o'n adag mor gyfareddol i blant a hitha bron â thorri 'i bol isio llenwi'r sach fwya erioed hefo tegana. Sboelio'i hwyrion yn rhacs. Dyna pam na ddaw hi ddim i olwg siopa yr adag yma o'r flwyddyn. Mae gen i ofn fod y peth yn 'i lladd hi'n ara deg.'

Syllu arno'n fud, yn dal yn ôl yr ysfa naturiol, ei greddf newyddiadurol, i'w holi'n dwll.

'Dim ond tridia y buo fo byw, 'ngwas i. Mae'n siŵr y basa ganddo fo lot gwell siawns y dyddia yma hefo'r dechnoleg newydd a ballu ond doedd gan y cr'adur bach fawr o obaith o'r dechra. Ei eni'n rhy fuan, 'i sgyfaint o ddim wedi datblygu'n iawn a chymhlethdoda hefo'i galon o. O leia mi gawson ni rywfaint o amser hefo fo, mi gawson ni wasanaeth bedydd – a chladdu. Ond dydi profiad felly byth yn dy ada'l di. A mae rhyw adag fel hyn yn dod â'r cwbwl yn ôl…'

Gwthio ei ddagrau o'r naill du gyda chefn ei law fawr flêr. Hithau'n dal ei hun rhag cydio'n dynn ynddo wrth iddo fwrw ymlaen â'i stori wedi tanio'r ail sigarét â dwylo crynedig.

'Y peth gwaetha oedd ein bod ni wedi cael cymaint o drafferth cyn hynny. Cymaint o siom. Pan aeth Nora heibio'r tri mis yn saff am y tro cynta 'rioed roeddan ni wedi gwirioni'n lân, yn meddwl ein bod ni wedi 'i chracio hi, ein bod ni ar ein ffordd. Mynd ati i baratoi 'stafell, prynu crud, prynu dillad ar gyfer yr wythnosa cynta. Tasa ni ond yn gwbod…

'Ac er i ni ddal i drio, ddigwyddodd dim byd wedyn, fel tasa rhywun rhywle yn gwbod nad oedd ein calonna ni ddim ynddo fo go iawn…'

'O, Idw! Doedd gen i ddim syniad. Mae'n ddrwg gen i fod mor ddifeddwl. Roesoch chi enw iddo fo?'

'Huw Llion.'

Ei dagrau parod yn powlio'n rhydd wedyn i lawr ei gruddiau poeth a'r ddau yn eistedd yno, yn embaras trist yng nghanol y rhialtwch gwneud o'u cwmpas, Saran yn brwydro i gadw ei hatgofion hi dan glo a nerth annisgwyl ei chydymdeimlad yn synnu, yn cyffwrdd Idris Wyn yn fwy nag a wnaeth dim ers blynyddoedd lawer.

Erbyn iddi gyrraedd eu man cyfarfod o flaen gwesty'r *Grosvenor* roedd Gwyn wedi hen gyffio yn yr oerfel ac ar fin troi oddi yno a gadael iddi i'w chrogi er gwaethaf ei bryderon.

'Saran! Ble uffarn…?'

'Mae'n wir ddrwg gen i, Gwyn. Doeddwn i ddim yn sylweddoli ei bod hi mor hwyr… Ti 'di bod yma'n hir?'

'Sa' i'n credu 'mod i'n clywed hyn…'

'Mi wnes i daro ar Idw, mi ddechreuon ni sgwrsio…'

'O, wy'n gweld! Does dim ffoi rhag y blydi *Journal* a'i straeon pitw oes e? Fe ddylen i fod wedi gwbod yn well. Sesh bach yn un o'r tafarne ar ôl cymharu nodiade ife? Mae'n amlwg na fuest ti'n gwneud fawr ddim arall ta p'un i.'

Syllai ar ei phecynnau tila, ei lygaid yn edliw iddi ei chnwd prin o anrhegion, cyn gafael yn ddiamynedd yn ei braich a'i harwain i gyfeiriad y maes parcio, ei gynllun o rannu pryd yn un o fwytai bach rhamantus y ddinas cyn ei throi hi am adre wedi hen fynd i'r gwynt. Ysai am roi troed ar y sbardun a chael dadmer yng ngwres myglyd, ond effeithiol, y car a chyrraedd adre cyn gynted ag y medrai. Claddu peint neu ddau 'da'r bois…

'Ond ti ddim yn dallt, Gwyn. Dim fel'na oedd hi o gwbwl…'

'Sa' i'n moyn gwybod, Saran. Sa' i'n moyn clywed dim mwy, ti'n deall? Waeth i ti fod yn byw yn swyddfa'r *Journal* y dyddie hyn cyn belled â dwi'n y cwestiwn.'

'Dydi hynny ddim yn deg!'

'Nag yw e? Sa' i'n cofio dy glywed ti'n sôn am ddim byd arall ers ache ta p'un i a 'wy'n dechre cael llond bola ohono fe erbyn hyn.'

Gallai weld nad oedd unrhyw bwrpas ymresymu. Nid fod ei rheswm yn un o'i rhinweddau gorau beth bynnag fel yr atgoffai Gwyn hi'n aml. Ond o dan yr amgylchiadau…

Wrth wibio adre ar hyd yr A55 yn ddiweddarach, a hithau'n diolch am unwaith am gerddoriaeth uchel y *Manics* fel arf i foddi sgwrs, syllai'n fud ar oleuadau Cilgwri yn wincio yn y pellter, yn gwibio heibio iddi, a geiriau *You Stole the Sun from my Heart* yn eco eironig yn ei chalon, yn wên gam yn y gwyll.

Pennod 16

'Mi fedri di gysgu'n dipyn tawelach yn dy wely heno, Saran!'

'Fi? Pam felly?'

Edrychai ar Cris gan amau tybed a oedd y cyw ohebydd yn dechrau meithrin sgiliau seicig yn ogystal â rhai newyddiadurol y dyddiau yma. Profiadau diflas y penwythnos wedi ei gadael yn agored i bob math o amheuon gwirion a'i hyder yn ei sodlau. Codi ar fore Llun yn fwy anodd nag arfer a hithau'n dal i drio deffro ar ôl treulio awr neu ddwy diffrwyth hollol yn troi a throsi yn y bore bach.

'Clywed bod ein ffrind, y Gynffon, wedi mwynhau llety pump seran y Glas dros y Sul. Dallt ei fod o o flaen y llys y bore 'ma. Mi aeth hi'n dipyn o ffrwgwd yn y *Ship* nos Sadwrn fel y clywish i. Rhyw hen gynnen yn dod i'r wyneb, Sas a hen 'fêt' yn ailgydio mewn ffrae a methu ei gollwng hi. Ar ôl awr neu ddwy o orchast, a'r cwrw wedi cymysgu hefo rhywbeth cryfach mae'n siŵr gen i, mi dynnodd gyllall allan a'r peth nesa roedd y gwaed yn pistyllio a'r 'mêt' yn cael ei ruthro i Ysbyty'r Fro. Wrth lwc mi gafodd y boi fynd adra y bore wedyn ond go brin y bydd Mr Sam Sutton yn gweld ei gartra am sbel go lew. Yn enwedig o gofio'r cefndir a'r ffaith ei fod o wedi cael blas o 'bleser ei Mawrhydi' o'r blaen.'

Derbyniodd Saran ei gynnig o *Extra Strong* yn niffyg

unrhyw olwg o baned. Roedd ei cheg mor sych â phe bae hi wedi bod yn llyfu rhes o stampiau ar amlenni cardiau Nadolig. Nid ei bod hi wedi dechrau ysgrifennu unrhyw gerdyn eto, heb sôn am anfon un i neb. Yn y cyfamser roedd Cris ar garlam ar gefn ei geffyl diweddaraf.

'Mi fydd hi'n ddifyr gweld a fydd o mor haerllug yn y llys y bore 'ma ag yr oedd o yn fan'ma y diwrnod o'r blaen. Argo! Meddylia be' tasa fo wedi cael y gwyllt go iawn y diwrnod hwnnw! Rhaid i mi ddeud, ro'n i'n cael yr argraff mai dipyn o wynt a dim oedd o...'

'Mmm...'

'Saran? Gair bach, plîs.'

Amneidiodd Merfyn arni i ymuno ag o wrth ei ddesg fythol drefnus. Beth oedd hwn ei eisiau eto? Oedd o hefyd wedi synhwyro ei gwewyr ac yn awyddus i gynnig ysgwydd gadarn iddi bwyso arni?

'Mae Idris Wyn wedi ffonio i ddweud na fydd o ddim i mewn heddiw. Ei stumog yn ei boeni fo medda fo. Rhoi bai ar rywbeth y gwnaeth o fwyta dros y Sul. Mae 'na dueddiad yn yr hen Idris i'w gor-wneud hi braidd yr adeg yma o'r flwyddyn fel y gwyddoch chi... Beth bynnag, meddwl oeddwn i tybed fasach chi'n medru mynd i gyfarfod llawn y Cyngor Sir y pnawn 'ma yn ei le o? Dyma fo'r agenda a'r cofnodion blaenorol. Siŵr gen i y dowch chi o hyd i stori neu ddwy go dda yno... deunydd *lead* o bosib...?'

Haleliwia! *I lead therefore I am.* Dylai fod wedi gwybod yn well na disgwyl cydymdeimlad gan hen lanc unplyg ei ffyrdd, meddyliai Saran, wrth deimlo 'llenyddiaeth' jargonaidd y Cyngor Sir, yr agenda-efo-'eg' bondigrybwyll a'r cofnodion toreithiog, yn pwyso ar ei gwynt a'i breichiau.

'Iawn, Merfyn, mi dria'i fy ngora. 'Dach chi'n cofio fy mod i i lawr i fynd i wneud y *vox pop* yng Ngholeg y Bont erbyn un ar ddeg? Rhwng pob dim mae gen i ofn na fydd gen i fawr ddim amser i bori yn hwn cyn y cyfarfod.'

'Ia, dwi'n sylweddoli'n union sut y mae hi. Dwi'n gwybod y gwnewch chi beth fedrwch chi. Fel roeddwn i'n dweud, mae'r hen Idris yn tueddu...'

'Mi wnes i ddigwydd taro ar Idw ddydd Sadwrn a dweud y gwir. Doedd o ddim yn edrach yn hannar da. Yn ddigon ciami a bod yn hollol onast. Dydw i'n synnu dim nad ydi o'n teimlo'n ddigon iach i ddod i mewn heddiw. Dim pawb sydd yn gwironi 'run fath yr adeg yma o'r flwyddyn, naci?'

Edrychai'n syn arni gan geisio dilyn ei rhesymeg astrus. Penderfynu rhoi'r gorau iddi wedi eiliad neu ddau o bendroni, ysgwyd ei ben mewn penbleth a labelu ei hymateb ffyrnig annisgwyl yn dwt fel 'yr adeg honno o'r mis', beth bynnag oedd hwnnw. Ffeilio'r digwyddiad yn drefnus yn ei feddwl wedyn cyn ei roi o'r neilltu er mwyn canolbwyntio ar y dasg nesaf oedd yn hawlio ei sylw manwl.

A hithau'n tynnu at ddiwedd tymor hir a chaled synnai Saran ei bod hi'n dal mor brysur a bywiog yng Ngholeg y Bont. Cawsai ei siomi ar yr ochr orau pan gafodd ei chais i alw heibio groeso mor wresog yn y lle cyntaf. Hithau'n hanner ofni na fyddai digon o fyfyrwyr gwerth sôn amdanyn nhw â'r awydd i ddal ati gyda'u hastudiaethau tan y dyddiau olaf, a'r demtasiwn i gychwyn eu gwyliau'n answyddogol gynnar trwy bledio ffliw ac annwyd yn ormod i'r rhan fwyaf.

Ond roedd hi'n ymddangos bod myfyrwyr presennol coleg addysg bellach y Bont yn fwy brwd na rhai o'u rhagflaenwyr ac nid oedd prinder rhai oedd am leisio eu barn ar y ddarpariaeth adloniant lleol, neu ddiffyg hynny, dros yr Ŵyl. Châi hi ddim trafferth i lenwi colofn *On your soapbox* yr wythnos yma felly, diolch am hynny.

Os oedd y criw yn eiddgar i rannu eu sylwadau, roedd hi'n ymddangos nad oedd ball chwaith ar awydd darpar fyfyrwyr lleol, o bob oed, i ledu eu gorwelion. Galwai llif cyson heibio'r uned lle roedd hi'n cynnal y cyfweliad gyda'r criw. Holi am gyrsiau nos at ddechrau'r flwyddyn a wnâi nifer tra bod eraill am gael cyngor ynglŷn â pha brifysgol y dylen nhw ei hystyried wedi cwblhau eu hastudiaethau yn y Bont. Ambell un wedyn am ailafael yn eu haddysg ar ôl rhoi eu cas ar ysgol pan yn iau a difaru wedyn.

Yn eu plith roedd un wyneb y gwyddai a oedd yn gyfarwydd iddi ond na allai roi enw iddo chwaith, rhywbeth anarferol iddi hi a ymfalchïai yn ei chof ffotograffaidd. Am yn ail â nodi sylwadau'r myfyrwyr, câi ei hun yn syllu ar y ferch gwallt tywyll trawiadol a bwysai ar y ddesg Gwasanaethau Myfyrwyr, yn pori yn ddyfal ym mhrosbectws y coleg. Ac yna, mewn chwinciad, ac enw'r *Paragon* newydd gael ei grybwyll gan un o'r criw, roedd hi'n ôl yno yng nghanol gwres a sŵn noson lawnsio *Mela!* ac yn gweld a chlywed y ferch yn mynd trwy ei phethau'n ffraeth gyda'i ffrindiau yn nhŷ bach y clwb nos. Hi a'r dychymyg gwibiog a'r ddawn ddisgrifiadol goeth: 'Fasa ddim ots gin i roi snog hir i hwnna...'

Gwenai Saran er ei gwaethaf wrth ei chofio yn nodi, mewn modd graffig tu hwnt, weddill ei dyheadau rhywiol.

'Hei! Amanda!'

Roedd un o'r myfyrwyr wedi ei hadnabod hefyd, 'Sut wyt ti, boi? Be' ti'n neud yma? Meddwl gwneud Ph. D ar *credentials* hogia Gwynedd ta be'?'

'Ha-blydi-ha! Na, dwi wedi penderfynu trio hel chydig o *qualifications* i chdi gael dallt. Gneud rhywbeth go lew o 'mywyd. Hen bryd. Mae gen i ffansi g'neud un neu ddau o GCSE's.'

Cerddodd tuag atynt yn fwriadol ddioglyd â gwên ddewr, eironig ar ei hwyneb gwelw o dan y paent, yn gwneud ei gorau i geisio cuddio ei nerfusrwydd. Ar boen ei bywyd, fyddai hi ddim am i'r un ohonyn nhw wybod mai cael a chael oedd hi rhag iddi droi rownd ar ei sodlau uchel wrth iddi gyrraedd mynedfa'r coleg gynnau. Ond wedi talu am y bỳs a'r ffaith ei bod hi wedi addo iddi hi ei hun... Iesu! Roedd hi bron â chachu llond trol o frics hefyd!

'Argo! Ro'n i'n meddwl na fedrat ti ddim diodda stydio a ballu, nad oeddat ti ddim yn gweld point i'r peth o gwbwl...'

'Yn 'rysgol oedd hynny, te. O leia yn fan'ma mae nhw'n dy drin di fatha 'sa gin ti frên ac yn weddol gyfrifol ac, o be' wela i, mae nhw'n ddigon parod i helpu. Dydi'r talant ddim yn ddrwg 'ma chwaith!'

Llaciodd ei hwyneb rhyw fymryn ar hynny, ymroi i dipyn o dynnu coes, rhannu pytiau o newyddion gyda'r bachgen a alwodd arni'n wreiddiol.

'Glywist ti am Sas mae'n siŵr? Pen bach diawl! Ella y

gwneith Tracy fy nghoelio i rŵan er, cofia, mi gafodd hi gythral o sioc y noson y torrodd o i mewn i'r car 'na wrth ymyl y *Luxor* pan oedd o off 'i ben. Dydi'r boi 'na'n ddim byd ond pacad o drwbwl. O leia mi roith hyn gyfla iddi hi gael trefn ar ei phen a fynta'n ddigon pell i beidio hwrjio'r blydi stwff 'na arni bob munud. Go brin y gwelith o ola' dydd am dipyn eto, diolch i Dduw.'

Roedd yr ysfa i saethu rhes o gwestiynau tuag ati yn gryf ond llwyddodd Saran i fygu'r awydd greddfol gan fodloni ar gael cadarnhad o un o leiaf o'r llu amheuon a fu'n ei phoenydio yn ystod y dyddiau diwethaf. A hithau'n teimlo ei bod yn prysur fynd i unlle ac yn cael ei thynnu i lawr yn raddol gan yr holl gybolfa diolchodd yn dawel am yr un cysur bach, prin hwnnw.

'Reit ta! Diolch i chi i gyd am fod mor barod i ddeud eich deud. A Dolig Llawen i chi i gyd!' meddai ymhen ychydig funudau, ar ddiwedd y sesiwn. A phob lwc i ti, Amanda, ar dy fentar newydd. Ti'n haeddu llwyddo, meddyliai.

Wedi treulio prynhawn hirwyntog yn gwrando ar gynghorwyr yn sgorio pwyntiau gwleidyddol a phersonol yn erbyn ei gilydd mewn Siambr glòs a thrymaidd, y peth olaf y teimlai Saran fel ei wneud y noson honno oedd troi allan i gyngerdd Nadolig ysgol Syr Edward Puw. O leiaf roedd hi wedi llwyddo i gael dwy stori go gryf o'r Cyngor am ei thrafferthion, cyfraniad a fyddai'n cadw Merfyn yn hapus ac yn dawel am ryw hyd gyda lwc, ac ni fyddai'n rhaid iddi aros allan yn hir. Dim ond dangos ei hwyneb tra oedd Cliff y ffoto-graffydd wrth ei waith. Ei throi hi'n reit sydyn wedyn er mwyn iddi gael rhyw gymaint o egwyl i hel ei meddyliau ynghyd ar gyfer y cyfweliad swydd y prynhawn canlynol.

Nid fod ganddi fawr o awydd erbyn hyn, rhwng popeth. Ond os mynd amdani, gwell gwneud sioe gystal ag y medrai. Ni allai oddef hanner gwneud pethau a gorfod byw efo'r teimlad anfodlon, gwag yna wedyn, y 'taswn i ond' melltigedig...

Roedd y neuadd dan ei sang ac arogl cryf a thrwm plant a phobl ifanc yn byw ym mhocedi ei gilydd yn taro rhywun wrth groesi'r trothwy. Golwg flinedig ar fwy nag un o aelodau'r gynulleidfa a hwythau'n dioddef o or-ddos o ddathlu cyhoeddus, dyletswydd yn fwy na mwynhad. Eraill wedyn, rhieni aelodau'r flwyddyn gyntaf gan mwyaf dyfalai, yn edrych o'u cwmpas ac i gyfeiriad y llwyfan yn frwdfrydig, yn edrych ymlaen at weld ffrwyth eu llwynau yn torri cyt yn yr 'ysgol fawr'.

I'r dde o'r llwyfan, gallai weld cip o Gwyn gyda'r aelodau eraill o'r staff a fyddai'n cydganu carolau plygain yn ddiweddarach. Edrychai yntau'n ddigon gwelw hefyd ac yn anarferol o ddifynegiant meddyliai. Teimlai'r cyfnod pan fuon nhw'n chwerthin mor ddiofal am yn ail â charu mor frwd fel oes arall bron. Crynai'n ddiarwybod iddi er gwaetha'r gwres llethol.

Nid cyn pryd, hwyliodd y Prifathro i ben blaen y llwyfan. 'Ga'i estyn croeso cynnes iawn i chi atom ni i gyd-ddathlu'r Nadolig. Gobeithio y cewch chi bleser a bendith yn ein plith ni...'

Unwaith eto 'Nghymru annwyl! sibrydai'n ddiamynedd o dan ei gwynt wrth glywed Lea Harries yn taro cordiau agoriadol *O Deuwch Ffyddloniaid*. Gorau po gyntaf i Cliff hel ei gasgliad o luniau disgyblion bach angylaidd yn morio canu. Roedd hi'n ysu am joch sylweddol o awyr iach a chyfle i ffoi. Teimlai'n anghyfforddus o unig yng nghanol y gynulleidfa llawn teuluoedd.

Roedd hi wedi hen adael erbyn i gôr y staff gyrraedd y llwyfan ac, o ganlyniad, ni welodd y winc fach awgrymog a gyfeiriodd Lea tuag at Gwyn fel yr oedden nhw ar ddechrau eu datganiad, winc a lwyddodd i roi gwên ar wyneb Mr Jenkins, Mathemateg, am y tro cyntaf ers peth amser.

Pennod 17

'Pam eich bod chi'n meddwl eich bod chi'n addas ar gyfer y swydd yma?' 'Beth yn eich barn chi ydi hanfod stori newyddion dda?' 'Sut y basach chi'n mynd ati i daclo'r stori-a-stori ar gyfer eitem newyddion ar gyfer y teledu?...'

Chwyrlïai'r cwestiynau o gwmpas ei phen fel tôn gron ddieflig o ddiflas. Wedi deffro am bedwar o'r gloch y bore, yr awr yna pan ymddangosai pob problem fechan fel rhyw Everest anorchfygol beth bynnag, jôc sâl oedd meddwl y gallai hi ailafael mewn unrhyw fath o gwsg wedyn. Nid bod hynny wedi ei rhwystro rhag trio. Ond pob tro y rhoddai gynnig ar anadlu'n ddwfn, ar reoli'r curo cyflym yn ei brest deuai'r cwestiynau yna i'w gwatwar, drosodd a throsodd, nes bod ei hatebion arfaethedig wedi llifo'n un cawdel blêr i mewn i'w gilydd a hithau'n chwys laddar, ei thafod wedi glynu'n sownd yn nhop ei cheg, a hithau'n grediniol nad oedd ganddi obaith o raffu unrhyw ddau air rhesymol gall wrth ei gilydd byth eto.

'Pam 'mod i'n rhoi fy hun trwy'r fath artaith?' Holai ei hun am yr ugeinfed gwaith o leiaf ers iddi ddeffro mor ddychrynllyd o ddisymwth, ei chael ei hun yn eistedd i fyny yn ei gwely mor gefnsyth â blaenor yn 1904, ei synhwyrau'n hollol fyw, yn gwrando am unrhyw smic allan o'r cyffredin, y cemegau *fight or flight* yn pwmpio trwy ei gwythiennau fel reid orffwyll mewn ffair.

O leiaf roedd yn newid o'r cwestiynau a'r meddyliau eraill a fu'n ei mwydro a'i blino yn ddiweddar. Wrth ei hochr cysgai Gwyn fel pe na bai ganddo unrhyw ofid yn y byd. Nid bod hynny'n agos at y gwir. Roedd digwydd-iadau'r dyddiau diwethaf wedi dangos hynny'n glir iddi. Ond roedd hi fel pe bai wedi ei rhewi mewn golau car yng nghanol ffordd brysur, fygythiol, yn methu symud yn ôl nac ymlaen, yn dyheu am estyn llaw allan i'w gysuro, i esbonio, ac eto'n methu'n glir â chymryd y cam cyntaf a hithau'n gwybod bod amser yn brin, fod yn rhaid iddi symud yn reit gyflym neu byddai ar ben arni...

Erbyn chwech o'r gloch roedd hi fel sowldiwr a chododd o'r diwedd, ei chyhyrau yn gwingo gan ddiffyg cwsg a nerfau, gwneud paned gref iddi hi ei hun a dechrau rhedeg dŵr y bath. Troi'r radio ymlaen. Roedd y 'gwasanaeth cenedlaethol' yn dechrau codi stêm a hithau'n cael y cyfle i wrando'n fwy astud nag arfer ar leisiau a furmurai yn ei chlust rhwng cwsg ac effro fel rheol. Actores ifanc, un o 'sêr' *wannabe* y ddrama sebon ddiweddaraf ar S4C, oedd wrthi'n sôn am ei phrofiad yn gweithio ar ffilm braidd yn siwdaidd, yn ôl ei disgrifiad hi ohoni beth bynnag, oedd ar fin cael ei rhyddhau ar y sgrîn fawr. Traethai'n fratiog-huawdl am yr wynebau enwog a chwaraeai rai o'r prif rannau ac am arferion bwyta ecsentrig y cyfarwyddwr Ffrengig.

'Profiad ffantastic... fydden i ddim wedi ei fethu e am y byd... Jean Pierre yn ei weld e fel meicrocosm o'r *revolution* sy'n cymryd lle gyda politics Cymru heddi...'

Ia, m'wn… fasa ti ddim yn nabod *revolution* tasa fo'n digwydd reit ar dy stepan drws di mechan i! meddyliai dan wenu'n gam.

Atgoffai'r holl sgwrs hi o'r creadur cyfarwyddwr 'na yn y nofel nad oedd hi byth wedi ei gorffen. Aeth i chwilota amdani ym mherfeddion ei bag cyn ymroi i drio ymlacio yn y dŵr ewynnog.

Gwthiai ei throl ar hyd yr alé win gan dynnu ambell botel i lawr o'r silffoedd heb daflu mwy na chip brysiog ar ei phris na'i chynnwys. O'i gwylio, bron na fyddech chi'n credu ei bod hi'n cymryd rhan yn un o'r cystadlaethau yna lle roedd yn rhaid i chi lenwi eich trol gyda phob math o ddanteithion yn erbyn y cloc. Teimlai fel un ar ymyl clogwyn yn cydio mor dynn ag y gallai yn y clwstwr gwelltglas brau oedd rhyngddi hi a'r eigion barus oddi tani.

Prin yr oedd ganddi'r nerth i wthio ei llwyth at y check out. *Prin y gallai gofio beth yr oedd hi wedi ei gasglu, sut yr oedd hi wedi llwyddo i lenwi'r drol i'r ymylon heb sylwi bron. Y cyfan a wyddai oedd bod ei phen yn dynn gan densiwn, ei gwegil yn llaith gan chwys oer a hithau yn gorfod dal ei hun rhag sgrechian nerth esgyrn ei phen dros yr archfarchnad eang.*

Nid na fyddai neb lawer yn sylwi arni beth bynnag. Ymddangosai pawb wedi ei lapio yn ei fyd bach ei hun, wedi blino ar ddiwedd diwrnod gwaith ac ar dân i'w throi hi am adre cyn gynted ag y gallent. Neb ag amser am sgwrs hamddenol, pawb am y gorau i fachu beth a allent a naw wfft i bawb arall.

Roedd pob check out *wedi ei dagu'n dynn. Wrth sefyll yn un o'r cynffonau hir câi ei hun yn edrych yn ôl unwaith eto, i'r cyfarfod staff y bore hwnnw. Dadansoddi pob goslef ac edrychiad, ail-fyw pob gwg a gwên. Roedd hi fel pe bae yn edrych ar bob un o'i chydweithwyr o'r newydd. Yn ceisio darganfod cymhelliad cudd lle nad oedd dim ond wyneb cyfarwydd gynt ac nid oedd yn sicr o gwbl o'r hyn yr oedd hi'n ei weld, neu yn feddwl ei bod yn ei weld.*

Sara Hollick er enghraifft. Doedd hi ddim yn gyfrinach o gwbl nad oedd unrhyw Gymraeg rhyngddynt ers y diwrnod hwnnw y cafodd Jan ei phenodi'n bartner ond a fyddai hi'n mynd cyn belled â'i herlid mewn modd mor annifyr? Dewi Charles wedyn. Nid oeddent hwythau wedi gweld lygad yn llygad yn hollol yn ystod yr wythnosau diwethaf. Ond ar lefel broffesiynol oedd hynny. Yn gymdeithasol, ar awr ginio neu ambell egwyl ar ddiwedd dydd, roedden nhw'n cael blas ar sgwrs a hynny mor gartrefol â phe bydden nhw'n ffrindiau ers blynyddoedd. Ieuan Morris. Roedd yr hen Ieuan ar fin ymddeol ac felly ni fyddai ganddo ef unrhyw ddiddordeb mewn ceisio ei disodli o'i swydd ac yntau ar fin gadael gwleidyddiaeth gymhleth swyddfa y tu cefn iddo...

'Well i chdi ddechrau symud, cyw, neu mi fyddwn ni yma tan ddydd Sul pys!'

Neidiodd wrth glywed y dyn y tu cefn iddi yn y gynffon yn harthio'n ddiseremoni yn ei chlust.

'Mae... mae'n ddrwg gen i... fy meddwl i'n bell...'

A'i nerfau mor gignoeth â chroen wedi ei sgwrio'n ddidrugaredd gydag un o'r padiau Brillo *yr oedd hi wrthi'n eu tynnu yn ffrwcslyd allan o'i throl. Sôn am ddwy law chwith! Ac nid oedd y ffaith fod y dyn diamynedd y tu ôl iddi yn rhythu mor galed arni wrth iddi ymlafnio i lenwi'r bagiau plastig cyn gyflymed ag yr oedd y ferch yn lluchio'r nwyddau i'w chyfeiriad, yn ddim help o gwbl.*

Erbyn iddi gyrraedd y car, wedi chwilota amdano am un

pum munud ar ôl iddi golli ei synnwyr cyfeiriad yn llwyr,
roedd hi wedi ymlâdd a'r syniad o orfod dadlwytho'r cyfan eto
ymhen rhyw ddeng munud yn ddigon i godi pwys arni. Dim
ond gobeithio y byddai Meic wedi cyrraedd adre o'i blaen hi
heno. Bu'n treulio ambell noson yn gweithio'n hwyr yn
ddiweddar.

Ond suddodd ei chalon wrth weld y fflat mewn tywyllwch.
Troi'r goriad yn y drws a'r olygfa a'i hwynebai yn fferru'r
sgrech yn sownd yn ei gwddw. Roedd pwy bynnag a fu yno o'i
blaen wedi creu chwalfa drylwyr iawn o'r 'stafell fyw a'r gair
AST! wedi ei baentio'n wyllt â chan chwistrell coch yn blastar
ar hyd y parwydydd, yn ei gwawdio'n waedlyd.

Ddwy awr yn ddiweddarach a hithau'n eistedd mewn
ystafell fechan amhersonol gyda dim ond copïau cyfredol
o *TV Today* a theledu sgrîn-ffasiwn-newydd yn gwmni,
yn trio ymlacio, yn trio cael rhyw lun o drefn ar ei
meddyliau cyn y cyfweliad, bron na fyddai'n fodlon
cyfnewid lle gyda'r Jan drafferthus hyd yn oed. Ond
ymhen ychydig funudau, a deimlai fel oes, fe'i
harbedwyd rhag dilyn y trywydd digalon hwnnw gan
aelod digon clên o'r tîm Personél a'i harweiniodd i ffau'r
board room tra'n siarad yn ferfaidd, saff am y tywydd a'i
thaith yno.

Mewn ystafell eang wedi ei haddurno mewn lliwiau
hufen-a-choffi chwaethus ac wedi ei dodrefnu'n Ikeaidd
roedd pedwar o gwmpas y bwrdd, dau ddyn a dwy
ddynes. Cyfle Cyfartal rŵls OK! Roedd hynny'n
argoeli'n eitha beth bynnag, ac wedi cyflwyno Saran i'w
chyd-holwyr â gair byr, pwrpasol, gofynnodd pennaeth
yr adran y cwestiwn cyntaf cyffredinol iddi. Dim

syrpreis i ddechrau. Ond i lawr allt yr aeth hi bob cam wedyn.

Agor ei cheg cyn meddwl o bosib'. Neu jest dweud ei barn yn onest. Calla dawo! meddyliai wrth ei chael ei hun yn amddiffyn ei sylwadau am rôl gwasanaeth newyddion Cymraeg ar ddechrau'r unfed ganrif ar hugain – a chreu twll cynyddol ddyfnach iddi hi ei hun wrth wneud hynny. Gwyddai y dylai fod wedi gwneud mwy o ymchwil cefndir call cyn mentro yno ond rhwng popeth nid oedd wedi gafael ynddi fel y dylai a gwyddai ei bod yn talu'r pris bellach am ei blerwch a'i diffyg calon.

A hithau'n teimlo'n wan ar ôl canolbwyntio mor galed, mor hir, daeth y diweddglo stoc a swniai fel cnul. 'Diolch i chi am ddod i'r cyfweliad, Miss Huws. Cyn gorffen, oes ganddoch chi unrhyw gwestiwn i ni?' Pam gythral fod yn rhaid i gyfweliadau fod mor uffernol o boenus? Pam fod fy mhen i'n teimlo'n llawn llwch lli? Pam na fedra'i fod mor hunanfeddiannol â chi, Madam Pennaeth?

'Na. Dwi'n meddwl fy mod i wedi cael yr holl wybodaeth dwi ei angen, diolch.'

'Mi fyddwn ni'n cysylltu hefo chi yn ystod y dyddiau nesaf.'

Byddwch m'wn! meddyliai Saran. A fydd dim rhaid i'ch ysgrifenyddes chi dreulio llawer o amser na dawn greadigol yn teipio'r neges.

Yn ddiweddarach, wrth wau yn ddiamynedd ar hyd lôn gul Ffordd y Coleg yn y siari, câi ei themtio'n arw i daro i mewn i'r *Globe* am gysur mewn *Guinness*. Ond roedd meddwl am drio cynnal sgwrs weddol gall uwch ei ben, a hynny yng nghanol myfyrwyr diofal yn dathlu'r Nadolig a diwedd tymor, yn ddigon i godi cur arni a phenderfynodd droi'n syth am y fflat. Os cofiai'n iawn roedd un can o'r ffisig du yn llechu yng nghefn y ffrij. Trist iawn, feri sad! Ond y peth doethaf o dan yr amgylchiadau. Doeth efallai, ond dyheai hi am daflu ei gofalon i gyd i'r gwynt.

Roedd y ffôn yn canu wrth iddi gamu i mewn i'r fflat. Gwyn ar ei awr ginio ac am wybod sut aeth pethau mwy na thebyg. Oedodd am funud cyn penderfynu ei ateb. Stopiodd y canu am eiliad neu ddwy. Dechrau eto.

'Saran!'

Ei mam oedd yno, a'r cryndod chwithig yn ei llais yn ei rhewi'n stond.

'Dy dad! Mae o wedi cael damwain yn y gwaith. Maen nhw'n meddwl y gall o fod yn reit ddifrifol. Mi ddaru nhw ei ruthro fo'n syth i Ysbyty'r Fro.' Câi hi'n anodd ynganu'r geiriau arswydus.

'Mi fydda'i yna rŵan. Peidiwch â symud.'

A hithau heb gael cyfle i dynnu ei chôt, na'i hanadl bron, trodd yn syth ar ei sawdl a chlep gwyllt y drws yn dirgrynu am eiliadau hir ar ei hôl.

Pennod 18

Roedd hi'n ôl yno, wrth erchwyn ei wely, yn gwylio am unrhyw arwydd, unrhyw symudiad... Wrth ei hymyl, yng ngwres annaturiol yr ystafell fechan oddi ar y brif ward eisteddai ei mam, yn ynys anghyffwrdd, a hen hunllefau'n dawnsio'n fyw o flaen ei llygaid. A'r rheini'n syfrdan, sych gan hen ofn. Yn pwyso ymlaen, ei dwylo'n estyn amdano yn swil fel pe bae hi'n amau ei hawl i gyffwrdd ei gŵr ei hun ac yntau bellach ar drugaredd gofal rhai eraill, mwy profiadol yn eu maes, na hi.

Golygfa i dorri calon, a phrin fod gan Saran galon i edrych arni a hithau'n gwybod yn y bôn mai hi oedd ar fai. Oni bai amdani hi fydden nhw ddim yn y fath stomp, yn dyst i'r fath chwalfa.

'Dwi'n mynd i gael gair hefo rhywun. Gweld a ga'i fwy o sens allan ohonyn nhw...'

Prowla'r ward am brae. Chwilio am gocyn hitio i lwytho'i heuogrwydd blin arno.

'Maen nhw'n gwneud pob dim fedran nhw...'

Geiriau bloesg, blinedig ei mam yn ei chyffwrdd i'r byw, ac yn ei chythruddo yr un pryd.

'Matar o ddisgwyl ydi o rŵan. Mae o wedi cael sgeg hegar ond mae o'n mynd i fod yn iawn. Y tabledi sy'n ei wneud o'n swrth, a'r sioc...'

'Ac mi rydach chi'n coelio eu straeon tylwyth teg nhw!'

'Saran!'

Troi ei chefn arni i guddio ei gwae a rhuthro allan fel un yn cwffio am aer, ei brest yn dynn gan bob math o emosiynau cymhleth. Y gwynt yn cael ei dynnu'n syth o'i hwyliau bregus wrth weld fod Chwaer y ward yn ddwfn mewn sgwrs ffôn ynglŷn ag un arall o'i chleifion a gweddill y staff prin yn llawn eu hamrywiol ofalon. Dim munud sbâr i wenu bron, heb sôn am gynnal sgwrs.

Atal ei hun rhag dyrnu wal a drws, rhag gafael yn y ffeiliau trwchus ar ddesg y Chwaer a lluchio eu cynnwys yn un sgrwtsh wrth ei thraed. Hyrddio'r ciniawau unigol a ddisgwyliai i gael eu rhannu oddi ar y drol nes bod y waliau antiseptig yn blastar o datws a grefi a chwstard a phwdin sbwnj, a'r llawr yn nofio gan de llugoer.

Mygu ei gwrthryfel, rhoi caead tynn ar ei hofn, a'i throedio hi i lawr y coridor diddiwedd, sodlau ei hesgidiau gorau, ei hesgidiau cyfweliad-ac-achlysuron-pwysig-tebyg yn gwichian wrth iddi ruthro'n ddall yn ei blaen a'i chalon yn gwingo.

'Ysgol Syr Edward Puw.'

Gweld y bwth ffôn cyhoeddus wrth y brif fynedfa a wnaeth iddi gofio trwy ryw ryfeddod. Ei hatal hefyd rhag ffoi, am y tro.

'Fasa hi'n bosib' i mi gael gair sydyn hefo Gwyn Jenkins os gwelwch yn dda?'

'Mae'n ddrwg gen i ond mae Mr Jenkins wedi mynd i gartra'r henoed yn Plas Hedd hefo rhai o'r flwyddyn gynta. Fydd o ddim yn ei ôl tan ddiwedd y pnawn rŵan. Fedra'i roi negas iddo fo?'

'Na, mae'n iawn. Anghofiwch o. Mi dria'i o gartra'n nes ymlaen.'

Ychydig lathenni i ffwrdd oddi wrthi roedd merched y WRVS yn prysur hwrjio'r cynnyrch ar eu stondin, yn gardiau Dolig elusennol a theganau meddal cartref, yn cyfnewid y cyfarchion calonnog arferol, yn fodlon, gyfforddus yn eu canol oed, ym merddwr eu byd digyffro. Yn dân sbeitlyd ar ei chroen rhynllyd hi ar yr union funud honno.

Ym mhen arall y cyntedd roedd rhyw ddwsin o aelodau band pres lleol yn dechrau rhoi trefn ar eu stondin hwythau, yn tynnu ar ei gilydd yn hwyliog wrth dynnu'r gerddoriaeth allan, gosod y standiau, rhoi'r blychau casglu arian mewn safleoedd amlwg. Roedd meddwl am eu clywed yn taro cordiau llawen y carolau Nadolig mwyaf poblogaidd yn ddigon â gwneud iddi udo mewn poen. A rhag i'w hoernadu fygwth iechyd corfforol a meddyliol unrhyw glaf ymhellach, anelodd am y drysau cylchdro a baglu allan i'r awyr ddeifiol.

Cael hyd i'w char oedd y gamp gyntaf ac erbyn iddi gyrraedd y siari, lathenni'n unig o'r fan lle bu'n chwilota'n ddi-weld am rai munudau, roedd hi wedi fferru at yr asgwrn a'i gwisg, addas ar gyfer cyfweliad am swydd, yn cynnig fawr ddim amddiffyn rhag yr ias a ddeuai o gopaon Eryri y tu cefn iddi.

Cofio ei hysfa gynharach, mewn oes arall hollol erbyn hyn, i ymlacio mewn cynhesrwydd tafarn a phenderfynu anelu am yr un agosaf. Troi i gyfeiriad y Felinheli a chael ei hun yn wynebu'r Fenai, yn magu gwydraid tywyll Gwyddelig ar ei glin, yn diolch am dân agored a chydyfwyr prin, di-ddweud.

Rhwng diodydd, ffonio'r ysbyty a gadael neges i'w mam gyda Chwaer y ward. Cael gwybod fod ei thad yn 'gyfforddus' – yr ansoddair claear, diddychymyg hwnnw! – a'i fod yn dal i gysgu'n drwm. Trio'r fflat. Dim ateb. Penderfynu ymroi i liniaru rhywfaint ar ei gofidiau cymhleth.

Erbyn y trydydd hanner roedd onglau miniog ei byw wedi meddalu rhyw gymaint a hithau'n medru cymryd cam neu ddau yn ôl o'r 'cawl potsh' chwedl Gwyn. Rhestru'r ffeithiau yn ei phen fel pe bae hi'n paratoi am arholiad. Ffaith: roedd ei thad wedi cael damwain annifyr wrth ei waith, wedi colli ei falans, syrthio a tharo ei ben, niweidio ei gefn. Ffaith: nid oedd wedi torri ei gefn er bod pryder ar un adeg mai felly yr oedd hi. Ffaith: nid oedd bywyd ei thad mewn peryg', meddai'r arbenigwyr. Ffaith: ym mêr ei hesgyrn gwyddai nad oedd hynny'n wir, fod pechod y plentyn bellach yn ymweld â'r tad. A lle goblyn y byddai'r cwbl yn darfod...?

'Awydd cwmni?'

Amneidiodd arno i eistedd er nad oedd ganddi fawr o amynedd sgwrsio. Ond os meddwi'n dwll, gwell gwneud hynny gyda chwmni, mae'n debyg. A gallai pethau fod yn waeth. Gallai ei chydymaith newydd fod yn hen ddyn budur canol oed yn lle llefnyn ifanc, diddrwg, didda yr olwg, gwên ddigon hoffus a chwestiwn yn ei lygaid tywyll...

'Welwn ni chi yno heno!'

A hwythau o'r diwedd wedi cyrraedd glan ddiogel diwedd tymor roedd y rhan fwyaf o staff Edward Puw yn edrych ymlaen o ddifri at y parti y noson honno ac at gau drws yr ysgol yn glep ar eu holau am bythefnos. Nifer yn aros ymlaen yn hwyrach nag arfer er mwyn cael trefn ar waith papur rhag ei fod yn disgwyl amdanynt, fel hen fwgan, ar ddechrau blwyddyn newydd, a'r sgwrsio'n hwyliog er bod y rhan fwyaf ar eu gliniau.

Ysai Gwyn Jenkins am adael cyn gynted ag y gallai. Nid yn gymaint am ei fod wedi cael llond bol ar ei gydweithwyr ond er mwyn cael cyfle i weld rhywfaint ar Saran cyn iddyn nhw adael am fwrlwm y parti, cael hanes y cyfweliad, ceisio gweld a oedd modd chwalu'r cwmwl oedd fel pe bae'n hofran uwch eu penne'n ddigyfnewid ers dyddie bellach.

'Wela'i chi i gyd heno, 'te!'

'*Be there or be square*, Jenkins!'

Galw heibio'r *off licence* ar ei ffordd i'r fflat a'r botel litr o *Valpolicella* yn hyfryd o drwm yn ei gesail wrth iddo estyn am yr allwedd ac yntau'n edrych ymlaen at gael ei rhannu. Ond edrychai'n debyg y byddai'n rhaid iddo gychwyn arni ei hun.

Roedd y fflat yn union fel ag yr oedd e pan adawodd y ddau y bore 'ma. Dim wedi ei gyffwrdd, dim ôl fod Saran wedi tywyllu'r lle trwy'r dydd. Beth uffern...? Pryderu ac yna'n raddol dechre colli amynedd, gwylltu. Shwt alle hi fod mor ddifeddwl? A hithe'n gwybod ei bod hi'n noson y parti! Falle iddi gael damwain... Ffonio ei chartre. Dim ateb. Ffonio'r heddlu? Na, pe bae rhywbeth felly wedi digwydd fe fydde rhywun yn sicr o fod wedi cysylltu ag e erbyn hyn.

Ceisio rhesymu. Edrych nôl. Gam wrth gam. Y cyfweliad. Y cyfryngis. Falle ei bod hi'n dathlu'r funud hon! Duw a ŵyr roedd bois y wasg, a'r cyfrynge'n enwedig, yn arbenigwyr ar hynny. Daeth darlun i'w ben ohoni'n joio, yn rhannu jôc, ei llygaid yn pefrio â hyder wrth edrych ymlaen at ei her newydd a phob cof am unrhyw drefniade wedi eu llwyr anghofio.

Uffarn dân! Tywalltodd wydraid hael arall o'r gwin iddo'i hun ac unrhyw obaith o waredu'r teimlad oer, anfodlon 'na fu'n corddi ei gylla ers dyddie, yn diflannu'n raddol, fel ei hwylie da a'r hyn oedd yn weddill o'i hunan-barch.

Draw dros y don. Safai Saran ar lan y Fenai yn edrych allan tuag at Foel y Don lle bu'r hen Lywelyn yn brwydro nerth esgyrn ei ben. Ei gelyn pennaf hi oedd hi ei hun. A'i brwydr fewnol barhaus: yr hyn a wnaeth hi. A'r hyn na allai ei anghofio. A'r hyn a fu'n llywio'r dyddiau diwethaf, y misoedd diwethaf, y blynyddoedd diwethaf. A'r hyn a wnaeth hi yn bygwth chwalu'r cwbl.

Gadawodd ei chydymaith ifanc yn chwyrnu'n ysgafn ar y fainc y tu ôl iddi. Cerdded yn sigledig i gyfeiriad llepian rheolaidd y tonnau. A'r rheini'n ei suo, yn ei denu tuag atynt.

Pennod 19

Erbyn i'r tacsi ei ollwng yn y *Bistro* roedden nhw wedi hen gladdu'r cawl, y corgimychiaid a'r melon ac yn barod i gychwyn ar y twrci a'r trimins. Roedd pob bwrdd yn y bwyty yn llawn o gydweithwyr amrywiol sefydliadau, y rhan fwyaf wedi ildio i'r pwysau i wisgo hetiau papur, y rhan fwyaf yn gwneud ymdrech ymwybodol i fwynhau eu hunain, yn gorymateb i jôcs gwan y cracers, yn gwrando braidd yn rhy astud ar y sawl a eisteddai wrth eu hymyl.

Eu bwrdd hwy oedd yr hiraf, y llawnaf, a'r mwyaf swnllyd. A'r un, i bob golwg, lle roedd yr hwyl ar ei fwyaf naturiol. Fe'u gosodwyd i eistedd ar wahân yn y 'stafell wydr a godwyd rhyw ddwy flynedd ynghynt gan y perchnogion newydd. Ymdrech ymwybodol i osod stamp mwy 'trendi' ar fwyty a brofodd, dros y blynyddoedd, ei siâr o nawdd gan glybiau henoed a changhennau cymdeithasau merched heb anghofio'r galarwyr siaradus a ddeuai yno i fwynhau'r rhyddhad o wneud rhywbeth mor gyffredin, saff â llowcio te a sglaffio brechdanau ham wedi gwewyr angladd.

Rhwng y tŷ gwydr a'r ehangu a fu ar y fwydlen roedd y lle wedi dechrau ennill rhyw fath o enw iddo'i hun ac, o'r llun-gopïau a osodwyd mewn mannau allweddol ar waliau'r bwyty, roedd y perchnogion yn amlwg yn ystyried eu bod wedi cyrraedd y brig bellach a hwythau wedi ymddangos ar dudalennau'r papur 'cenedlaethol' dyddiol, yr un a honnai ei fod yn gwasanaethu Cymru... *Snowdonia bistro on the up and up* oedd teitl ystrydebol ond ffafriol eu colofn Blas ar Fwyd yn ddiweddar.

Ymddangosai fod nifer go dda o staff Ysgol Syr Edward Puw ar i fyny heno beth bynnag. 'Argo! Gwyn Jenkins 'chan! Blwyddyn Newydd Dda i ti, boi!' Bu Hefin, yr Athro Chwaraeon, yn prysur 'leinio' ei stumog ers toc wedi chwech ac wrth i'r noson fynd rhagddi cymrodd arno'i hun y rôl answyddogol o M.C.

'Wedi gada'l Saran ar ôl yn y gwely, ia?'

'Dyw hi ddim yn gallu dod, Hef – gw'itho'n hwyr.'

'Dridia cyn Dolig? Argo mae'r *Journal* 'na'n gweithio'i staff yn galad! Gwilym Gol yn ffansïo ei hun fel rhyw dipyn o Rupert Murdoch ta be'?'

'Gwyn, mae 'na sêt wag yn fama.'

Cymerodd ei le yn ddiolchgar wrth ochr Lea ym mhen arall y bwrdd, yn falch o gael ffoi o sylw swnllyd Hefin Tomos, am ryw hyd beth bynnag. Gwenu am y tro cyntaf y noson honno wrth wrando arni'n chwerthin yn iach, yn llywio'r mân siarad rhwng hwn a'r llall o'i chwmpas tra'n addo iddo o dan ei gwynt na fyddai'n canu'r un nodyn o garol trwy gydol y noson.

'Saetha fi os byddi di'n fy ngweld i'n hwylio codi canu! Iawn?' ei llygaid yn dawnsio yn fflam y gannwyll a grynai yn y botel *Rosé* Sbaenaidd. Y ffrog ddu ddilawes a fowldiai ei chorff yn gyferbyniad trawiadol i'w gwallt gwinau tonnog. Tywallt gwydraid o win coch iddo ac yntau'n drachtio ohono fel pe bae holl atebion i gawdel y dyddie diwethaf i'w cael ynddo.

Erbyn y pwdin a sawl gwydraid pellach o win coch

teimlai Gwyn ei hun yn fwy o ran o'r rhialtwch ac nid oedd Hefin, a'i ensyniadau amheus diddiwedd a'i jôcs treuliedig, yn gymaint o dân ar ei groen e bellach. Roedd rhai o'i ddywediadau e'n ddigon smala a gweud y gwir. Yn ei atgoffa o rai o'i hoff jôcs, yn codi awydd ynddo i ddweud rhai ei hun...

'Mwynhau?'

'Joio, Lea... Joio...'

Roedd ei lygaid disglair, wrth i'r ddau syllu ar ei gilydd am eiliad neu ddwy yn hwy nag arfer, yn llawn chwerthin dengar ac yntau'n cael ei hudo i sibrwd yn ei chlust: 'Fi'n moyn y ddawns gynta 'da *ti* wedyn. Cofia nawr!'

'Wel, mi fydd yn rhaid i ti gwffio'n o sownd amdana' i, Gwyn Jenkins!'

Y ddau yn piffian chwerthin, mor ddireol â disgyblion nerfus blwyddyn saith yn eu gwasanaeth boreol cyntaf, ac yn ennyn sylw – a gwg – Dilys Morgan, y ddirprwy brifathrawes, am fod mor ewn â'i gilydd. Dilys Ddolefus a'i llais prudd, ei hwyneb trwm a'i hesgidiau 'buddiol' yn tynnu at oed ymddeol, erioed wedi cael ei chusanu gan ddyn a'i bryd greddfol ar ddynes beth bynnag ar hyd y blynyddoedd hesb. Dyna oedd y chwedl ysgol ac er ei bod yn annhebygol iawn o fod yn wir roedd hi'n stori rhy dda i'w chladdu bellach.

Fu dim rhaid i Gwyn ymladd yn rhy galed i berswadio Lea i fentro i'r llawr dawnsio gydag e yn ddiweddarach. Gyda'i synnwyr naturiol o rythm roedd hi'n bartner dawns delfrydol a'i hyder hi, yn ogystal â'r gwin a lifai'n felfedaidd yn ei wythiennau yntau, yn gwneud iddo deimlo'n llawer mwy gosgeiddig nag arfer a'r goleuadau amryliw yn wincio'n hudolus ar y ddau ohonynt yn y tywyllwch cynnes.

Gwyddai fod mwy nag un o'r criw wedi sylwi arnynt a gallai synhwyro ambell un yn ceisio cuddio ei chwilfrydedd naturiol tra bod eraill, fel Hefin Tomos, yn rhythu'n agored ar y ddau wrth iddynt droelli i fiwsig y disco.

Hynny'n ei sbarduno i gymryd egwyl o'r dawnsio, gwneud ymdrech ymwybodol i wahanu, cymdeithasu ychydig, dawnsio gydag ambell un arall. Ond rhyw fagned anweledig yn ei dynnu e a Lea yn ôl at ei gilydd er gwaetha'i ymdrechion, a hwythau'n diweddu'r noson yn dawnsio'n araf, freuddwydiol ym mreichiau ei gilydd.

Teimlo brath o siom wrth iddi ddiflannu'n ddirybudd a'i adael i ffarwelio â'i gydweithwyr ar ei ben ei hun. Yntau'n edrych dros eu 'sgwyddau amdani, yn dechrau ofni mai gêm bryfoclyd, gymhleth fu'r cyfan. I mewn i gwtsh y bar rhag ofn iddi fynd i guddio yno rhagddo. Dim golwg. Eistedd mewn cadair freichiau lledr meddal a chau ei lygaid am sbel, yn ail-fyw'r ffantasi braf, yn ail-flasu cyffro'r mwynhau dan drwynau beirniadol.

'Dwi wedi trefnu tacsi i ni,' ei sibrwd yn ei ddeffro o'i fyfyrio, yn goglais ei glust yn gynnes ac yntau mor falch ei bod hi yno, wrth ei ymyl, yn becso dim bellach am adwaith ei gydweithwyr. Fydden nhw ddim yn dechre deall tase fe'n rhoi cynnig ar esbonio iddyn nhw ta p'un i. A pham y dyle fe? Ei fusnes e a neb arall oedd hyn. Dim ond fe a Lea. Dau gyfaill da. Dau gyfaill agos. Mynwesol...

Y daith adre mor ddisylwedd â breuddwyd a'r unig beth a gofiai, wrth edrych yn ôl yn ddiweddarach, oedd cynhesrwydd ei chlun yn pwyso yn ei erbyn yn awyrgylch fyglyd y tacsi a hwythau'n ffrwyno eu cynnwrf fel dau blentyn ysgol ar ddiwedd eu noson gyntaf mas 'da'i gilydd.

Cyrraedd ei bwthyn a'i arwain, heb danio'r golau, yn syth i'w ystafell gerdd a leolwyd yn yr estyniad newydd. Ystafell eang ddiddodrefn, heblaw am y *baby grand*, ei chyfrifiadur a'r offer cyfansoddi, a chwaraewr CD. Ffenest bictiwr fawr wedi ei gorchuddio â defnydd sidanaidd lliw hufen. Nenfwd a llawr pîn a charthen liwgar, lydan wedi ei thaenu arno. Hithau yn dewis un o'r nifer helaeth o'i chryno ddisgiau ac yn ei annog i wrando ar y canu canoloesol wrth iddi ddechrau tynnu ei ddillad oddi amdano'n ddioglyd.

'Mi roedd cyfansoddwyr y cyfnod yna wedi'i dallt hi i'r dim 'sti, Gwyn. Miwsig i'r enaid yli, twtshiad rhwbath dwfn ofnadwy ynom ni...'

Yntau'n daer am ei chyffwrdd hithau ond yn cael ei rwystro'n bendant, chwareus ganddi wrth iddi ddiosg pob cerpyn oddi amdano'n fwriadol hamddenol. Fel llanc yn ei arddege, rhythu arni â'i lygaid ar agor led y pen, wedi ei ddal gan ei hud hi a'r gerddoriaeth. Ei gwylio wedyn yn ei dadwisgo ei hun, ei symudiadau mor osgeiddig, ddiwastraff â dawnswraig balé. Sefyll yn falch o'i flaen, ei breichiau ar led, yn gwenu'n agored:

'Fy mhresant Dolig i i ti, Gwyn. Braidd yn gynnar falla ond mae rhywbeth yn dweud wrtha'i dy fod ti'n haeddu dipyn o fwytha'.'

Estyn amdani o'r diwedd a'i thynnu i lawr yn dyner a'i gosod i'w wynebu ar y garthen feddal.

'Lea... Lea...'

Ei fysedd yn gwau'n fwythus drwy donnau hir ei gwallt wrth iddo ymateb i'w chusanau awchus. Cwpanu'r bronnau hael a'u blaenau golau yn gynnwrf tynn dan gledrau ei ddwylo. Anwylo ei chynhesrwydd llaith. Eu hanadlu'n cyflymu, yn troi'n ochneidio dwfn o bleser a'r cordiau atgofus yn plethu ag alaw eu cyrff, yn gyfeiliant arallfydol yn gwau uwch eu pennau.

Ei llaw gynnes yn estyn amdano, mor ysgafn â phluen arteithiol ac yna yn gryfach, daerach ac yntau'n boddi am yn ail ag esgyn, yn boddi ac esgyn, boddi... Ildio'n y diwedd i'w hanwes didrugaredd a'i feddwl yn hyfryd wag wrth iddo dreiddio'n ddiymdrech, ddwfn rhwng ei chluniau croesawus.

Pennod 20

Gorweddai ar draeth gwyn, cynnes, yn ymlacio'n llwyr yn llygad iachus yr haul. Gwenu'n ddiog wrth i awel ysgafn, annwyl anwesu ei wyneb yn dyner ac yn y cefndir côr o glychau yn tincian, tincian yn ysgafn a'r rheini yn dwyn i gof brofiadau pleserus. Pleserus iawn.

Troi ar ei fola i gael teimlo'r gwres ar ei gefn. Ochneidio'n ddwfn wrth arogli'r persawr atgofus ar ei obennydd, yn cyfuno'r môr a'r awel a'r haul, yn gyffro hafaidd... Yn gyffro synhwyrus, yn ei ddeffro... Lea...

Estyn ei fraich allan ac agor ei lygaid yn raddol bach a chael fod haul llachar cyntaf y bore yn gwenu arno trwy ffenest lydan a'i llenni gwawn yn siffrwd yn ysgafn yn yr awel a chordiau dioglyd *Summertime* yn ychwanegu at y naws freuddwydiol. Yntau wedi ei lapio mewn cwilt moethus ar lawr ystafell eang, yn teimlo braidd yn chwil, oherwydd y golau, y lleoliad dieithr, y gerddoriaeth...

'Croeso'n ôl i'r byd go iawn, Mr Jenkins!'

Chwerthin yn ysgafn wrth wylio'r benbleth ar ei wyneb. Eisteddai wrth y piano mewn gŵn nos melfed lliw gwin a'i bysedd yn anwesu'r nodau cyfarwydd yn gelfydd, garuaidd. Yn union fel y bu'n ei anwesu yntau ychydig oriau'n ôl. Flynyddoedd yn ôl bellach...

Cau ei lygaid chwap ac atgofion y noson flaenorol yn rhuthro'n ôl yn eu cyfanrwydd ac yntau'n methu â chuddio ei letchwithdod. Ochneidio'n ddiarwybod iddo.

'Dydi hi rioed mor ddrwg â hynny does bosib'!'

'Lea...'

Edrych arni'n gwestiyngar, ymddiheurol.

'S'dim isio i ti ddeud gair, Gwyn. Wir. Yli, mi rydan ni'n dau yn bobol yn ein hoed a'n hamsar. Mi roeddan ni'n dau yn gwbod be' oeddan ni'n ei neud. Mi gawson ni'n dau goblyn o amsar da yng nghwmni'n gilydd, rhannu dipyn o gysur, rhoi dipyn o faldod haeddiannol i'n gilydd. I be' mae ffrindiau'n dda? Gwranda! Beth am i mi roi coffi ymlaen? Fyddi di'n teimlo'n well wedyn. Ac mae 'na ddigon o ddŵr poeth os wyt ti isio bath neu gawod.'

Roedd yn ôl mewn eiliad neu ddwy a thywelion cynnes yn llenwi ei breichiau ac yn sydyn roedd y syniad o ymneilltuo dan gawod ymosodol o ddŵr, deffro'n raddol, rhoi trefn ar ei feddyliau dryslyd, yn apelio'n fawr iawn ato.

Diolch fod Lea mor agored, ymarferol, meddyliai, wrth sefyll yno yn teimlo'r dŵr yn tasgu'n bicellau didostur ar hyd ei gorff brau. Roedd hi gymaint â hynny'n haws delio â'r sefyllfa heb orfod chwarae rhyw gemau cymhleth fel y bu ef a Saran yn ddiweddar. Saran. Saran... Ei hwynebu hi fyddai'r peth anoddaf, esbonio pam a lle y treuliodd y noson, ceisio rhannu peth o'r cawdel fu'n rhwydo ei feddylie'n ddiweddar, ei chael hithe i rannu, i agor mas...

Trueni na fyddai popeth mor rhwydd ag agwedd Lea tuag at fywyd. Erbyn iddo wisgo roedd hi wedi gosod bwrdd i'r ddau yn y gegin nythlyd gyda'i nenfwd isel a'i ddistiau gwreiddiol. Roedd blas arbennig ar ei choffi a'r *croissants* wedi brath y gawod, a'r tawelwch rhyngddyn nhw yn un nad oedd yn rhaid ei lenwi gyda mân siarad gwag a hunanymwybodol 'y bore wedyn'. Syllu arni o gil ei lygaid, ei gwylio'n canolbwyntio ar lyfu'r menyn oddi ar flaenau ei bysedd hir. Gwyddai y byddai'n rhaid iddo adael yn fuan iawn neu, Duw a ŵyr, fe fyddai'n ei chael hi'n anodd ofnadw' i adael yr hafan gysurus yma.

Ei chusanu'n ysgafn ar ei gwegil wrth glywed sŵn y tacsi'n cyrraedd yn ddiweddarach a'i sibrwd bloesg o ddiolch yn goglais cwpan persawrus ei chlust. Yna troi ar ei sawdl a cherdded, heb edrych yn ôl arni, i lawr tuag at y ffordd fawr.

Hithau'n galw'n hwyliog ar ei ôl: 'Dolig Llawen i ti, Gwyn, a twll din pob carol, cofia! Wela' i di'r tymor nesa!' Yn brathu'n galed ar ei gwefus isaf grynedig wedi cau'r drws, gan geryddu ei hun o dan ei gwynt, a thrwy ei dagrau, am fod mor wirion o deimladwy.

Teimlai'n gynyddol ar bigau wrth i'r tacsi nesáu at y fflat. Cyfuniad o euogrwydd a phryder, dryswch a chyffro ac yntau'n ysu am gael trefn ar y cyfan, cael popeth mas yn agored, clirio'r aer – waeth beth fyddai'r canlyniade. Ni allai odde' byw 'da rhyw ansicrwydd cythryblus fel hyn yn llawer hwy.

Cyrraedd y stryd. Honno'n ymddangos fel rhyw werddon dawel o'i chymharu â'i chymdogion byrlymus, yn llawn siopwyr Nadolig munud diwethaf, yn cerdded yn bwrpasol, wynebau difynegiant y rhan fwyaf yn adlewyrchu eu canolbwyntio tra bod lleiafrif hwyliog, sgwrslyd yn ymddangos fel petaent yn mwynhau'r profiad go iawn.

Werddon dawel. Ond o dan yr wyneb roedd cymaint o

emosiyne yn ffrwtian, yn corddi o dan yr wyneb. Teimlo ei galon yn dechre curo'n galed wrth iddo dalu'r gyrrwr, a'r papur deg punt yn glynu wrth gledr llithrig ei law. Mwmian wrtho am gadw'r newid wrth droi i gyfeiriad y fflat. Cymryd ei amser i gerdded tuag yno a'i osgo fwriadol hamddenol yn cuddio ei nerfusrwydd pryderus.

Troi'r allwedd yn y drws a chael nad oedd post y bore wedi ei gasglu eto. Galw ei henw wrth gerdded i gyfeiriad y 'stafell fyw. Dim golwg o fywyd yno. Nac yn y gegin chwaith. Dim byd ond tap, tap y dŵr oer yn taro'n ddeigryn undonog i mewn i'r sinc. Byddai'n *rhaid* iddo wneud rhywbeth amdano'r dyddie nesa 'ma...

I'r 'stafell molchi. Galw ei henw eto. Dim smic. I'r 'stafell wely. Dim arwydd fod Saran wedi cysgu'r nos yno chwaith. Ei ryddhad cyntaf yn cael ei ddisodli'n fuan gan hadau pryder gwirioneddol. Beth yn y byd mawr oedd wedi digwydd iddi?

Eistedd ar ymyl y gwely a gollwng ei ben tost i gwpan tywyll ei ddwylo. Gorfodi ei hun i anadlu'n araf, ddwfn. Pam ddiawl fod bywyd mor uffernol o gymhleth? Câi ei demtio i godi'r ffôn ar Lea, gofyn a fyddai'n bosib' iddo gael lloches yno am ddiwrnod neu ddau, dim ymrwymiade, dim cyfrifoldebe. Dim ond byw mewn rhyw limbo bach dedwydd, diamser heb unrhyw ofynion i flino'r un o'r ddau.

Ac fel pe bae'r teclyn hwnnw yn gallu darllen ei feddyliau carlamus, dechreuodd ganu ar y funud honno a'r dôn daer yn ei sbarduno i roi heibio ei bwl anghyffredin o hunandosturi. Falle fod Lea yn teimlo'r un fath yn gwmws! Roedd ganddo frith gof ohoni yn cyfeirio at y ffaith fod y ddau ohonyn nhw angen bach o faldod.

Tybed nad oedd hi, o dan yr wên hwyliog 'na, yn cwtsho cur, yn griddfan am gwmni?... Cythru am y derbynnydd a chyn iddo allu yngan gair, ei llais cyfarwydd yn ei sobri, yn ffrwyno'r ffantasi ffôl.

'Gwyn?' – yn betrus, flinedig.

'Saran 'chan! Lle wyt ti?'

'Mi wnes i ffonio'n gynharach ond mi roeddwn i wedi anghofio'r cwbl am y parti neithiwr. Mae· gen i ofn na fûm i'n meddwl yn rhyw syth iawn ers oria. Sut mae'r pen?'

'Ddim yn ffôl... Ond Saran beth yn y byd sy'n bod? Mi arhoses i tan y funud dwetha ac a gweud y gwir...'

'Cael negas frys gan Mam wnes i rhyw awr ar ôl cyrraedd adra o'r cyfweliad. Dad sydd wedi cael damwain wrth ei waith. Roeddan nhw'n ofni ar y dechra ei fod o wedi torri ei gefn ond dydi petha ddim cynddrwg ag oeddan nhw'n ei feddwl. Mae o'n mynd i fod yn iawn er y bydd o angan lot o orffwys. Ond ar y pryd yr unig beth ar fy meddwl i oedd cyrraedd y 'sbyty cyn gynted ag y medrwn i. Mi wnes i drio'r ysgol ond roeddat ti wedi mynd â chriw o'r flwyddyn gynta i gartre Plas Hedd i ganu carola. Wnes i ddim gadael neges. Doeddwn i ddim isio dy boeni di, meddwl y baswn i'n dy ffonio di o'r 'sbyty yn ddiweddarach ond rhwng y cynnwrf i gyd...'

'Paid becso nawr. Mae'r cyfan drosto. Ti'n iawn. Mae dy dad yn iawn. Dyna'r cyfan sy'n bwysig. Lle wyt ti'n nawr?'

'Adra, yn Swn y Môr. Wedi i ni fod yn sgwrsio hefo'r arbenigwr bore 'ma mi benderfynodd y ddwy ohonon ni ddod yn ôl yma. Hel 'chydig o ddillad i Dad, cael cawod, cael panad gall. Mi awn ni'n ôl i'r 'sbyty nes ymlaen ac os fydd Mam yn dawel ei meddwl mi fydda'i'n ôl acw cyn diwedd y dydd gobeithio.'

'Edrych mla'n. Mae gyda ni lot i'w drafod, Saran.'

'Dwi'n gwbod. Mae'n hen bryd i ni gael sgwrs gall. Mae gen inna dipyn i'w rannu hefyd. Wela'i di nes ymlaen...'

'Ie. Cymer bwyll nawr.'

Wrth iddo roi'r derbynydd i lawr teimlai don lethol o flinder yn ei daro o'r newydd ac ymlwybrodd yn ei ôl i glydwch y 'stafell wely. Tynnu amdano'n gyflym gan adael ei ddillad yn sypyn anniben ar y llawr, lapio ei hun yn y *duvet* cysurlon ac ymhen pum munud roedd Gwyn Jenkins yn cysgu mor ddisymud, ddwfn â babi blwydd.

'O'r gore te, blwyddyn deg! Agorwch eich llyfre ac fe ddechreuwn ni 'da'r adran ar debygolrwydd.'

Syllai ugain pâr o lygaid arno, a gwên ddireidus yn wincian ym mhob un ohonyn nhw. Yr un ohonyn nhw'n cyffroi. Neb yn cyffwrdd eu llyfre.

'Blwyddyn deg! Siapwch hi! Mae 'da ni fynydd o waith o'n blaene ni'r bore ma!'

Troi at eu tasge o'r diwedd ond sawl chwerthiniad yn cael ei chuddio y tu ôl i sawl llaw a nifer o 'sgwydde yn ysgwyd yn dawel, yn arbennig ymhlith y merched, wrth iddyn nhw geisio cwato'r jôc.

Penderfynu eu hanwybyddu gan obeithio y byddai hynny'n tynnu'r gwynt o'u hwylie ond wedi munud neu ddwy, y chwerthin yn ffrwydro'n swnllyd fel aer allan o falŵn a'r dosbarth cyfan yn eu dyble maes o law a dim gobaith ganddo o adfer unrhyw reolaeth.

Cnoc ar ddrws y dosbarth. Lea Harris, nid Dilys

Morgan, diolch i'r mowredd. Gyda lwc fydde Lea ddim yn achwyn arno am ei ddiffyg trefn. Fydde dim angen iddo ofidio am gael ei alw o flaen y Prif.

'Blwyddyn deg! I'r neuadd ar unwaith! Doeddach chi ddim yn cofio fod ganddoch chi bractis carola rŵan?'

Edrychai'n awdurdodol, yn sefyll yno yng ngheg y drws mewn siwt sidét lliw gwin a'i gwallt tonnog wedi ei ffrwyno a'i rowlio yn belen dynn ar ben ei chorun. Y dosbarth yn ymateb yn syth, yn codi fel un ac yn gadael yn anarferol o drefnus er bod ambell un yn dal i biffian chwerthin wrth edrych yn ôl arno dros eu 'sgwydde.

'Lunch box llawn iawn ganddoch chi heddiw, Mr Jenkins. Teimlo'n llwglyd mae'n rhaid!'

Gwenai Lea arno'n awgrymog gan ddechrau tynnu ei gwallt helaeth o'i hualau tynn a'i sgert yn codi'n araf wrth iddi osod ei hun yn ddioglyd ar ben ei ddesg, yn rhoi cip pryfoclyd iddo o'i chlun lluniaidd. Troi ei olygon i'r un cyfeiriad â hithe a'i waed e'n fferru wrth iddo ganfod chwap ei fod e'n hollol borcyn! Bodie ei dra'd e'n cwrlo wrth weld ei gala yn codi'n ddireol o'i flaen, yn chwifio'n chwantus fel rhyw sarff porffor o'i go ac yntau'n ymdrechu, yn hollol aflwyddiannus, i guddio ei gywilydd yn ei ddwylo pitw.

'Gwyn! Gwyn!'

Roedd Saran yn edrych i mewn trwy'r ffenest ddosbarth a golwg ar ei hwyneb fel pe bae hi am ei sbaddu. Wedi gweld Lea yn sgwrsio gydag e yn ei gyflwr, wedi sylwi ar y sglein peryglus yn llyged ei gydweithiwr, clywed tôn pryfoclyd ei lais ac wedi dyfalu'r cyfan! Yntau'n ceisio ei thawelu rhag i'r disgyblion yn y maes chwarae y tu cefn iddi ruthro fel un gŵr i wylio'r sioe ddwy a dime.

'Gwyn! Dwi'n ôl!'

Neidio i fyny, yn chwys o'i gorun i'w fodiau, yn ymladd â'r *duvet*, yn ymladd am ei wynt, ei ddwylo'n ddiarwybod iddo'n estyn am ei gala. Griddfan ei ryddhad wrth deimlo'r cnawd llac, cysglyd.

'Mi roedd neithiwr yn noson a hannar mae'n rhaid! Mae'n edrach yn debyg mod i wedi colli dipyn o sioe!'

Er yn amlwg yn flinedig, a chysgodion yn gylchoedd tywyll o dan ei llygaid, roedd gwên Saran yn agored, gynnes wrth iddi estyn amdano a phlygu i gusanu'r cwsg o'i lygaid dolurus.

Pennod 21

'Ro'n i ar gymaint o frys isio cyrraedd adra ti'n gweld. Wedi cael diwrnod uffernol yn yr ysgol, arholiadau'n pwyso arna'i, ac yn disgwyl galwad ffôn gan yr hogyn 'ma oeddwn i'n mynd allan efo fo ar y pryd. Llion yn cymryd ei amsar, yn hamddenol, braf fel arfar a finna'n ysu am gael neidio i ffwrdd a'i throi hi cyn gynted ag y medrwn i am y tŷ. 'Ty'd yn dy flaen, Llion. Heddiw dim 'fory. Traed dani!'

'Sawl gwaith ydw i wedi ail-fyw'r olygfa 'na! Sgrech y brêcs, sgrechian y plant yn y bws y tu cefn i mi, sŵn Llion yn syrthio'n glewt ar y tarmac, ei lyfrau fo wedi chwalu ar draws y lôn i gyd, y gwaed tywyll yn diferu'n drioglyd allan o'i glust o... A finna'n sefyll yno, yn methu symud, yn methu meddwl, a'i gorff ysgafn o'n cael ei hyrddio gan ffitia a finna'n gwbod mai arna' i oedd y bai...

'A ti'n gwbod beth sydd mor ofnadwy? Fedra'i ddim cofio enw'r boi 'na roeddwn i mor daer am glywed ei lais o ar y ffôn erbyn hyn, heb sôn am gofio'i wyneb o...'

'Ti'n rhy galed arnat ti dy hun, w. Fe alle fe fod wedi digwydd i unrhyw un. Wnest ti ddim byd yn fwriadol.'

'Ond taswn i ddim wedi bod ar gymaint o frys, mor ddiamynedd, fasa Llion ddim wedi colli ei falans, fasa fo ddim wedi cael ei hun yn llwybr y car 'na... Mi roeddwn i wedi dychryn cymaint, Gwyn, ac mi roedd gweld poen

Mam a Dad yn beth mor ingol, fedrwn i ddim deud y gwir wrthyn nhw dros fy nghrogi. Fedrwn i ddim meddwl am roi mwy o boen iddyn nhw. Ac wrth i'r dyddiau fynd yn eu blaenau a hithau'n amlwg nad oedd Llion yn mynd i ddod trwyddi, a minnau'n sylweddoli fy mod i'n fwrdrwr, roedd y peth yn fy nghnoi i i'r byw. Dyna pam y bu'n rhaid i mi ffoi am bwl. Mi faswn i wedi gwallgofi fel arall. O leia i lawr yng Nghaerdydd mi roeddwn i'n medru twyllo fy hun nad oedd dim byd mawr wedi digwydd. Mi roeddwn i'n medru cynnal bywyd gweddol normal i lawr yno.'

'Wnest ti ddim ystyried ymddiried yn neb yno? Mynd i weld cwnselydd?'

'Doedd dim sôn am betha ffansi felly ar y pryd, dim hyd yn oed yn y brifddinas! Na. Mi wnes i benderfyniad ymwybodol i gadw'r peth dan glo, i wneud y gorau o'm bywyd, i godi calon fy rhieni trwy wneud y llwyddiant gorau posib' o betha. Ac mae hynny wedi gweithio'n reit dda tan yn ddiweddar.'

'Damwain Dean Price?'

'Ia... mi ddaeth hynny â'r cwbl lot yn ôl i mi. Y gwastraff diangen. Y chwalfa. Ac ar ben hynny i gyd yr holl euogrwydd. Dyna pam roeddwn i mor awyddus i ddatrys y peth ti'n gweld. Ei weld o'n rhyw fath o dalu iawn am y cam mawr wnes i hefo Llion. Meddwl, os baswn i'n medru dod o hyd i'r sawl fu'n gyfrifol am ladd Dean, y basa hynny'n golygu fy mod i wedi cyflawni rhywbeth o werth go iawn, y basa fo'n rhyw fath o gyf-iawnhau'r ffaith fy mod i wedi cael fy arbed am ladd fy mrawd.'

'Ond does dim rhaid i ti gyfiawnhau unrhyw beth i neb. Wnest ti ddim lladd unrhyw un.'

'Mi faswn i wrth fy modd taswn i'n medru cytuno hefo chdi. Pan glywais i am ddamwain Dad, fedrwn i ddim peidio â meddwl fod rhywun, rhywle yn benderfynol o fy nghosbi i, na cha'i fyth lonydd go iawn, nad ydw i byth am fedru ffoi rhag yr hyn ddigwyddodd.'

Syllai o'i blaen, a'i llygaid cythryblus yn bell, yn ail-fyw profiadau'r diwrnod hwnnw ym mherfeddion Llŷn pan ddaeth ias gaeafol, deifiol i dynnu'r hwyl o'r gwanwyn am byth a chuddio'r haul.

'Pam na fyddet ti wedi ymddiried yna'i cyn hyn, Saran fach?'

Ei chwtsho yn ei gôl a mwytho ei phen yn rhythmig, ysgafn fel pe bae'n cysuro plentyn a'i euogrwydd yntau yn pwyso arno, yn cynyddu. Ond nid dyma'r amser i'w phoenydio am hynny...

Yn raddol teimlai ei phen yn troi'n drymach, drymach ar ei frest, ei hanadlu'n dyfnhau, ei chorff yn ymlacio a'i chyffes fel pe bae wedi rhoi rhyw ysgafnder newydd iddi wrth iddi rannu ei hen, hen faich. Am y tro beth bynnag.

Pennod 22

'Ti'n sicr y byddi di'n iawn nawr? Fydde fe ddim yn broblem o gwbl i ganslo'r trip i Geinewydd tan yfory cofia. Ti'n gwbod am Mam a Dad, fydden nhw ddim yn conan tasen i'n cyrraedd ddiwrnod yn ddiweddarach...'

'Na, cer di. Be' fasat ti'n ei wneud yma beth bynnag? Mae 'na goblyn o ddiwrnod hir o 'mlaen i a fydda'i'n da i ddim i neb erbyn ei diwedd hi. Ti'n gwbod fel mae hi. Mi fydd hi fel ffair yn y *Journal* rhwng bod papur yr wythnos yma yn mynd i'w wely yn gynt nag arfer a gwaith hel cymaint o stwff ag sy'n bosib ar gyfer papur y flwyddyn newydd ar ein gwartha' ni. Ac mi ddylwn i daro i mewn i'r 'sbyty i weld Dad hefyd.'

'Ond...'

'Yli, Gwyn. Mi fydda'i'n iawn. Wir rŵan. Mae'r ffaith fy mod i wedi cael bwrw fy mol hefo chdi dros y Sul wedi gwneud i mi deimlo cymaint gwell. Dydw i ddim yn meddwl y ca' i byth wared o'r euogrwydd ond o leia mae cael rhannu'r profiad wedi fy ngorfodi fi i'w wynebu o mewn ffordd gall o'r diwedd, sylweddoli fod yn rhaid i mi symud ymlaen, na fedra'i byth wneud iawn am y peth, fod rhaid i mi ddysgu byw efo hynny.'

'Saran...'

'Cofia fi at dy rieni a wela'i di nos Fercher. Iawn?'

A chyn iddo gael cyfle i leisio mwy o bryderon roedd hi wedi plannu cusan ysgafn ar ei wegil ac wedi ei throi hi am y swyddfa. Syllu arni o'r ffenest, yn camu'n benderfynol i lawr y stryd, ei bag llaw yn taro yn ysgafn yn erbyn ei hochr wrth iddi fynd a chyhyrau ei hwyneb wedi ymlacio am y tro cyntaf ers dyddiau, ac yn sydyn roedd yn ymwybodol fod yr olygfa yn tonni o'i flaen wrth i'w lygaid lenwi'n ddigymell.

'Duw! Dwyt ti ddim wedi'n gadael ni am borfeydd bras y Cyfrynga felly'r hen goes?'

'Dim eto, Idw! Dwn i ddim pa mor fras ydi'r porfeydd hynny erbyn hyn chwaith. Ond go brin y cewch chi wared ohona'i mor handi ar ôl y llanast wnes i o'r cyfweliad. Dwi'n rhyw amau y bydd yn rhaid i chi fy niodda fi am ryw hyd eto.'

'Mi fedra'i fyw hefo hynny'n reit hawdd 'rhen hogan. Oes 'na'm panad yn mynd debyg?'

Gwaedd o ben arall y swyddfa, o gyfeiriad Jon B. 'Os wyt ti'n tanio'r tecall 'na mi fasa'r gohebydd bach llwglyd yma'n falch iawn o gael g'lychu ei big hefyd! Penwsnos reit hegar yli!'

Roedd 'na dipyn o gysur mewn cael dilyn y drefn arferol, o gael troedio'r un hen lwybrau y bore 'ma ac aeth ati i ymroi i'r dasg o borthi ei chydweithwyr yn ddirwgnach. Nid oedd yr hen Merfyn yn ymddangos yn gymaint o fwgan chwaith y bore Llun arbennig yma a hithau'n gwerthfawrogi ei drefn ddigyfnewid a'i holi diplomatig. 'Dwi'n siŵr eich bod chi wedi gwneud yn well nag ydach chi'n feddwl, Saran. Pob lwc. Mi edrycha'i ymlaen i glywed ymhellach...'

Ymhen dim roedd y swyddfa yn ferw o alwadau ffôn, yn straeon yn cael eu bwydo'n swnllyd i mewn i'r peiriannau a phob un o'r tîm yn mynd cyn gyflymed ag yn bosib er mwyn cyrraedd y nod, cracio'r *deadline* ac, yn achos Gwilym Gol, achub y blaen ar y *Gazeteer* 'diawl'.

Tua chanol y bore y daeth yr alwad gan Julie. 'Mae 'na *gentleman* newydd alw i mewn, Saran. Does ganddo fo ddim *appointment* hefo chdi medda fo ond mi fasa fo'n licio cael sgwrs. Dwi wedi ecspleinio wrtho fo ei bod hi'n wyllt arnoch chi heddiw ond mae o'n *keen* ofnadwy i dy weld di. Rhywbeth i'w wneud hefo Dean Price medda fo...'

'Diolch, Julie. Dweud wrtho fo y bydda'i i lawr yna rŵan.'

Gorfodi ei hun i anadlu'n ddwfn, i gymryd ei hamser, i beidio â chodi ei gobeithion, i gadw'r peth yn ei gyddestun cywir, realistig. Cerdded i lawr yn hamddenol tuag at y dderbynfa a gollwng ochenaid dawel o ryddhad wrth weld wyneb cyfarwydd Bob Marli yn syllu arni o ben arall y ddesg flaen.

'Bob! Sut mae petha? Ro'n i'n dallt fod ganddoch chi dipyn o newydd i mi.'

'Y... oes... fedrwn ni fynd i rywle 'chydig bach mwy preifat...?'

'Dim problem. Dowch i fyny. Mae 'na stafall gyfweld yn fanno lle medrwn ni gael rhyw bum munud tawel. Gym'wch chi banad?'

'Na... dim diolch. Mi fydda' i'n 'i throi hi am y *Ship* yn o fuan. Dyna pam o'n i am eich gweld chi rŵan a deud y gwir.'

'O?...'

'Wedi trefnu i gwarfod rhywun yno ac mi fasa hi'n licio cael gair hefo chitha hefyd.'

'Unrhyw un ydw i'n 'i nabod? Pam ei bod hi'n gymaint o gyfrinach, Bob?'

'Debbie. Cariad Dean. Dach chi'n cofio fi'n sôn wrthach chi am y ffrae fuo rhyngddyn nhw?'

Roedd cymaint o bethau wedi digwydd yn y cyfamser, cymaint o brofiadau wedi dod i'w rhan, fel nad oedd ganddi ond brith gof yn unig o'r sgwrs a fu rhyngddynt bellach. Ond amneidiodd arno'n eiddgar gan obeithio y byddai hynny yn ei sbarduno i fwrw ymlaen i ddadlennu mwy, er bod hynny'n broses araf, herciog fel croesi llain llawn ffrwydron cudd.

'Oes ganddi hi fwy o wybodaeth? Fedar hi roi rhyw syniad pellach i ni pam a sut y digwyddodd petha'?'

'Mewn ffordd o siarad. Ond mae hitha angan eich help chi hefyd.'

'Fi? Sut?'

'Mi geith hi ddeud hynny wrthoch chi ei hun. Mi ddalltwch chi pam pan welwch chi hi.'

'Bob...?'

'Well i mi ei heglu hi rŵan neu mi fydd yr hogia'n meddwl mod i wedi penderfynu mynd ar y wagan. Fedrwch chi ddŵad draw erbyn un? Mi fydd Debbie yno erbyn hynny.'

'Fel roedd Julie'n deud wrthoch chi mi rydan ni'n uffernol o brysur yma heddiw, Bob. Mi fedra'i sbario rhyw ugian munud...'

''Dach chi'n un o fil, 'mechan i! Welwn ni chi bellach 'mlaen. *Guinness* ydi'ch ffisig chi os dwi'n cofio'n iawn, de?'

Ac yr oedd allan o'r 'stafell ac wedi carlamu i lawr y

grisiau cyn iddi gael cyfle i'w longyfarch ar ei gof eli-ffantaidd.

Eisteddai yng nghornel dawelaf y *Ship*, yn magu gwydraid o lemonêd. Merch eiddil yr olwg, ei gwallt golau yn ddwy len syth bin o bobtu i'w hwyneb gwelw a'r lliw tywyll ar ei hamrannau yn gwneud iddi edrych hyd yn oed yn fwy blinedig nag y teimlai. Roedd hi'n anodd amcangyfrif ei hoed. Ar un wedd gallai fod mor ifanc ag un ar bymtheg, yn ei mitshio hi o'r ysgol yn yr awr ginio. Mewn golau gwahanol gallai fod cyn hyned â phump ar hugain a phrofiadau bywyd wedi gadael eu hôl eisoes yn y llinellau ysgafn o gwmpas ei llygaid a'i cheg fain.

Ond yr oedd un peth amdani nad oedd unrhyw ansicrwydd o fath yn y byd yn ei gylch. Roedd hi'n feichiog. A'r ymchwydd ysgafn ond pendant o dan ei chrys chwys di-siâp yn wrthgyferbyniad dramatig i weddill ei chorff, yn enwedig ei choesau hir a ddilladwyd mewn jîns tynn, tywyll.

'Debbie?'

'Chi ydi'r riportar 'na? Honna sy'n sgwennu i *Genod Ni*?'

'Saran Huws. Mi ddaeth Bob draw gynnau, dweud eich bod chi isio gair.'

Dewisodd Bob Marli gadw draw gan aros wrth ei stondin arferol, wrth y bwrdd pŵl. Rhyw swildod hen lancaidd yn peri ei fod yn anghyffforddus yn trafod 'pethau merchaid' ac yntau'n hwrjo'r hanner *Guinness* i'w llaw cyn gynted ag y gwelodd hi yn camu i mewn i'r dafarn. Dweud dim ond amneidio i gyfeiriad Debbie a oedd yn amlwg yn ysu am gwmni, yn teimlo'n chwithig yng nghanol criw *macho*'r *Ship*, yn sipian ei diod am yn ail â chanolbwyntio'n hunanymwybodol ar y slogan Dolig ar gefn y mat cwrw lliwgar.

'Sut fedra'i eich helpu chi?'

'Syniad Dean oedd o. 'Mod i'n cael gair hefo chi. Roedd o'n deud y basa chi'n siŵr o fedru fy rhoi fi ar ben ffordd. Contacts a ballu.'

Cnoai ei gwefus isaf yn nerfus.

'Iesu! dwi'n teimlo'n uffernol. Does 'na'm byd fel disgw'l babi i losgi'r caloris, nagoes?' *Bravado* simsan ei gwên yn ei chyffwrdd, yn ei themtio i afael amdani, i'w darbwyllo y byddai popeth yn iawn yn y pen draw, er gwaethaf ei sefyllfa dorcalonnus.

'Ar ei ffordd acw oedd o pan gafodd o'i daro i lawr y diwrnod hwnnw. Roedd o am ddŵad hefo fi i'ch gweld chi wedyn. Cael sgwrsan i weld be' oedd yn bosib'. Ond chyrhaeddodd o byth. A doedd gen i neb i droi ato fo wedyn. Mi gollis i Mam bedair blynadd yn ôl. A faswn i byth bythoedd yn medru siarad am betha felly hefo'r hen go. A *no way* fedrwn i boeni Janice ar ôl... ar ôl be' ddigwyddodd. Diwrnod y cnebrwn oedd waetha ond sut fedrwn i landio yno hefo'r bol 'ma? Mae hi'n meddwl ein bod ni wedi gorffan ers oesoedd. O, *God...*!'

Y blynyddoedd yn cael eu diosg oddi arni er gwaethaf llinellau pryderus ei hwyneb, a'r dagrau yn ei llais yn gwneud iddi swnio yn ddim llawer hŷn na phlentyn ei hun. Ymbalfalu ym mhoced ei siaced denim tenau a thynnu allan ddarn o bapur newydd wedi ei blygu'n fychan. Ei agor allan yn ofalus a'i osod ar y bwrdd crwn rhyngddyn nhw. Erthygl a ysgrifennodd Saran ar gyfer

Genod Ni rhyw chwe wythnos ynghynt. Mamau sengl oedd y pwnc ac yr oedd wedi cynnwys portread o ferch ifanc leol a oedd wedi mynd trwy'r profiad, nid heb ei phroblemau, ond yr oedd ei hagwedd yn un bositif ac yr oedd ganddi stori ddigon cadarnhaol i'w dweud.

Roedd y cyfeiriad ar ddiwedd yr erthygl wedi ei farcio â chylch coch ar y darn papur a'r ôl traul arno yn awgrymu ei fod wedi ei agor a'i gadw sawl gwaith ers iddo gael ei dorri allan o weddill rhifyn y *Journal* am yr wythnos honno.

'Roeddan ni'n dau wedi cael uffar o sioc, 'chi. Dean o'i go ar y dechra ac yn methu byw yn 'i groen. Finna'n teimlo'n uffernol. Waeth nag ydw i rŵan hyd yn oed. Ac wedyn mi ddaru o weld hwn yn y papur ac mi ddaru hynny godi 'i galon o rhywsut. Meddwl y basa fo'n medru bod yn help i mi, chwara teg iddo fo.

'Doeddan ni ddim isio priodi na dim byd felly 'dach chi'n gweld. Fuo hynny 'rioed yn rhan o'r plan. Dean yn hogyn iawn, grêt am gwpwl o laffs, grêt yn y gwely, ond doedd yr un o'r ddau ohonon ni isio setlo i lawr. Fedrwn inna ddim meddwl am fflysho'r babi i lawr y pan.

'Pan welish i Bob Marli'n dre bora 'ma a hwnnw'n digwydd deud eich bod chi wedi bod yn holi am Dean wnes i ddim meddwl, dim ond gofyn iddo fo'n syth fedrwn i gael eich gweld chi. Dwi wedi pasio'r offis fwy nag unwaith ond doedd gen i ddim y gyts i alw i mewn a gofyn amdanoch chi. Ofn pwy faswn i'n 'i weld yno mae'n siŵr. A'r peth 'ma'n dal i bwyso arna'i. Dach chi'n meddwl y medrwch chi fy helpu fi?'

Roedd hi'n haul glân, gaeafol ar Ddyfed. Gwyn yn mwynhau milltiroedd olaf ei daith, yr olygfa ar hyd yr arfordir o Lan-non i lawr am Aberaeron yn ei atgoffa o'r newydd o Lŷn a'i feddyliau yn troi yn anorfod unwaith eto at Saran. Edrychai ymlaen at yr egwyl gartre. Byddai'n gyfle iddo gael trefn pellach ar y meddylie hynny, yn fodd iddo edrych o'r newydd ar ei gynllunie ar gyfer y dyfodol. Doedd dim dwywaith, roedd y profiad gydag Awen wedi ei shiglo ar y pryd a doedd e ddim am wneud yr un camgymeriad eto. Ond roedd Saran yn gymeriad cwbl wahanol ac er eu bod nhw wedi profi dyddie anodd yn ddiweddar roedd rhyw gwlwm anorfod wedi ei sefydlu rhyngddyn nhw bellach.

Ac yna roedd Lea. Roedd hi yno o hyd, yn gyson yn ei feddylie, a'i nwyf a'i hegni wedi aros gydag e, fel ei chwerthin iach...

Wrth droi'r car i lawr am Geinewydd a dilyn troeon cyfarwydd, cartrefol y ffordd, gallai Gwyn deimlo ei hun yn ymlacio wrth iddo adael y cyfan y tu cefn iddo am y tro ac addewid ei fam y byddai 'tamed o fwyd ar y ford', yn disgwyl amdano fe ar ddiwedd ei siwrne, yn peri iddo chwibanu'n ysgafn o dan ei ana'l wrth iddo nesáu at ei gartre.

Pennod 23

Ddeuddydd cyn y Nadolig ar y *Journal*. Llun olaf y parti ysgol olaf am eleni wedi ei ddatblygu a'i gyhoeddi, pob pennawd a chapsiwn tymhorol yn ei le, pob cymhariaeth a delwedd dymhorol wedi eu dihysbyddu'n dwll. Y tinsel o gwmpas sgriniau eu cyfrifiaduron yn edrych yn ddigon llegach, aeron y celyn uwch ben y drws wedi hen grebachu a nifer o'r cardiau a ddaeth i law wedi penderfynu rhoi'r gorau i'w brwydr i aros ar eu traed ar ben y cabinet ffeilio.

Eisteddai'r gohebwyr yn chwalfa'r swyddfa gyfyng, yn anarferol o fud, a diflaniad sydyn yr adrenalin a fu'n eu cynnal yn ystod y dyddiau di-stop diwethaf wedi eu gadael yn ddi-ffrwt, ddi-ddweud. Roedd cyhyrau eu hysgwyddau yn gwingo wedi'r frwydr yn erbyn y cloc, rhyw syrthni fflat yn hongian uwch eu pennau a hwythau'n gallu ei deimlo mor fyw â phe baen nhw'n sefyll yn awyrgylch myglyd, llaith bar tships Wil Sglods.

Jon B oedd y cyntaf i dorri ar y tawelwch rhyfedd. 'Blydi hel! Mi fydd y lle 'ma wedi fy lladd i cyn bo hir!'

'Argo! Be' ti'n 'i gwyno? Stalwyn blwydd fatha chdi! Dim ond prin allan o dy glytia wyt ti, boi. Sbia arna'i ar ôl ugian Dolig yma!'

'Yn hollol. Dyna sy'n fy mhoeni i, Idw!'

Y ddau yn gwenu'n flinedig ar ei gilydd, yn rhy ddi-egni i ddatblygu'r sgwrs i'r lefel ffraeth arferol, yn ddigon bodlon i adael i'r naill a'r llall gael y gair olaf, am unwaith, ac Idw yn troi at ei gyffur arferol i wella pob clwy. Drachtio'n ddwfn o'r mwg melys, a chael blas arbennig ar ei chwythu allan wedyn i gyfeiriad desg wag Merfyn.

'Cyfarchion yr Ŵyl i chditha hefyd 'rhen *berv* a llawar ohonyn nhw,' meddai dan ei wynt. 'Gobeithio y bydd gan Santa *thrill* bach wrth dy fodd di yn yr hosan Dolig 'na 'leni.' Troi'n ôl at ei gynulleidfa swrth. 'Dydi hwn wedi bod yn rêl poen yn y tin y dyddia dwaetha 'ma dwch? Mi fasach yn meddwl 'i fod o wedi bod yn y busnas yn ddigon hir i beidio â bygwth gwlychu ei hun bob tro y mae Gwilym Gol yn clicio'i fysadd...'

'Miri'r *Gazeteer* 'ma sydd wedi bod yn corddi'r dyfroedd 'leni, de? Ond mi roedd o ar ben ei ddigon bora 'ma. Mae'n ffigyrau gwerthiant ni wedi dal eu tir ac ymhell ar y blaen i'r rhecsyn hwnnw ar gyfar yr wsnos dwaetha yn ôl glywish i.'

Digwydd sylwi bod drws y Gol yn gilagored wrth iddo ddod i mewn y peth cyntaf a wnaeth Cris. Rhyw sefyllian am eiliad neu ddwy y tu allan iddo, checio bod ei garrai'n sownd a ballu, a digwydd clywed Gwilym yn torri'r newyddion i Merfyn. Hwnnw'n ei siarsio i'w gadw dan ei het am y tro – 'rhag iddyn nhw fynd i bwyso'n ormodol ar eu rhwyfa...'

Storio'r tamaid blasus a chael cic fach fodlon o'i rannu â'i gydweithwyr mwy profiadol, nid mewn unrhyw ffordd ylwch-chi-fi, ond gyda phleser un a oedd ar ddechrau gyrfa lle roedd bachu ar y sylw-wrth-basio a chael hyd i'r stori go iawn o dan yr wyneb mwy 'swyddogol' yn rhoi gwefr a hanner.

'Wel, wn i ddim amdanoch chi i gyd, ond dwi'n rhyw deimlo bod hyn yn galw am ddathliad bach yn y *Llew*,' meddai Jon B. 'Beth amdani, Saran? Ti'n fodlon rhoi dy enw da ar y lein? Dim ond unwaith y flwyddyn mae hogan yn cael cynnig fel hyn, cofia... Saran?...'

Ysgydwodd ei hun allan o'i synfyfyrio pell a hithau wedi syllu'n ddigon hir a dwfn i mewn i sgrîn wag ei chyfrifiadur i greu dau dwll ynddo bron.

'Mmm? Sori Jon B. Dwi ar fy nglinia'. Ac yn meddwl, wrth wrando arnoch chi i gyd yn mwydro o 'nghwmpas i, pa mor lwcus ydw i yn cael para 'mlaen i weithio hefo'r *Journal* lle mae 'na sgwrs mor ddiwylliedig i'w chael bob amser a chwmni mor safonol... a ballu...'

'Ti'n aros felly?'

Roedd Cris, yr hen ben, wedi dysgu'n fuan pa mor bwysig oedd bod yn ddiplomat yn y busnas yma hefyd.

'Ydw. Doeddan nhw ddim yn medru fy fforddio fi 'sti!'

'Beth bynnag ydi'r rheswm, dwi'n falch iawn dy fod ti'n aros,' meddai Idw'n dawel, ddiffuant. 'Y nhw sydd ar eu collad. Dydi hannar y cyfryngis 'ma ddim yn nabod talant pan mae o'n gweiddi yn 'u hwyneba nhw. Ti 'di cael gwbod pwy cafodd hi?'

'Dim eto. Y cwbl ges i oedd y llythyr arferol. Roedd o'n fy nisgwyl i pan gyrhaeddais i adra neithiwr. *Diolch yn fawr i chi am ymgeisio. Roedd y safon yn uchel iawn a'r gystadleuaeth yn un glòs, y penderfyniad yn un anodd...* ac ati... ac ati...'

'Be' ydi'r bet 'u bod nhw wedi ei rhoi hi i rhyw gr'adur di-glem yn syth o'r coleg, rhywun y medran nhw ei fowldio i'w steil nhw, rhywun sy'n meddwl mai stori dda ydi honno sy'n dod hefo'r post yn y bora, yn y swp datganiada diddiwedd 'na.'

'Ta waeth. I ateb dy gwestiwn di, Jon B. Ydw, dwi am fentro i'r *Llew* hefo chi i gyd, am fy mhechoda'... Pwy sy'n cynnig prynu'r rownd gynta'?'

Ar hynny deffrôdd y ffôn ar ei desg ac er gwaetha hwrjo'r gweddill am iddi ei anwybyddu, na ddylai hi ddim colli munud yn fwy o amser yfed gwerthfawr, ac er nad oedd ganddi ddim llychyn o egni ar ôl i ysgrifennu ei henw hyd yn oed fe'i cafodd ei hun yn estyn amdano, yn ei godi, yn disgwyl am y neges.

Amneidio ar y criw i roi taw arni am eiliad. Prin y gallai glywed y llais y pen arall. Roedd o bron fel sibrwd.

'Ga'i siarad hefo riportar plîs?'

'Pwy sy' 'na?'

'Ga'i siarad hefo riportar?'

'Ia. Saran Huws. Sut fedra'i'ch helpu chi?'

'Fasa posib' i ni gael sgwrs, wynab yn wynab 'lly...?'

'Ylwch, dwi ar fin mynd am fy nghinio. Fasach chi'n licio picio i mewn i'r swyddfa yn nes ymlaen?'

Rhes o wynebau blinedig yn disgyn o'i blaen, eu dwylo yn amneidio arni fod hyn yn syniad gwael iawn o dan yr amgylchiadau.

'Mi fasa'n well gin i beidio picio i mewn i'r offis... Peryg... Be' am i ni gwarfod...'

'Hannar munud... dydan ni ddim wedi cael sgwrs debyg i hon o'r blaen, heb fod yn rhy bell yn ôl?'

Tawelwch llethol o'r pen arall. Peswch. Sŵn lori'n pasio.

'Mae gin i uffar o stori i chi...!'

Piffian chwerthin yn y cefndir yn troi'n chwerthin

llond bol, cyn i'r sawl a oedd wedi gwirioni cymaint ar y jôc osod y derbynnydd yn ôl yn glewt yn ei grud.

Deialu 1471 yn syth bin y tro hwn. Hongian ar y geiriau pwyllog, robotaidd. *You were called – today – at twelve twenty five hours. The caller withheld their number...*

'Mi taga'i o!'

'Duw! Pwy sy' wedi dwyn dy blwm pwdin di felly?'

'Rhyw gr'adur nad ydi o'n dallt ystyr y gair "ewyllys da", mae hynny'n saff. Rhywun na ddylwn i ddim wastio eiliad mwy o amsar arno fo. Dewch wir, Idw bach. Neu mi fydd gweddill y criw sychedig 'na wedi'n hyfed ni o dan far y *Llew* cyn i ni droi!'

Nid criw y *Journal* oedd yr unig rai a oedd wedi penderfynu mynd i ysbryd yr Ŵyl y prynhawn hwnnw. Roedd y *Llew* o dan ei sang ac Alun yn ei elfen yn gweini ar ei gwsmeriaid ac yn rhannu ei berlau o ddoethineb Nadoligaidd. Nos Sadwrn wedi dod yn gynnar a'r codwyr canu arferol yn cynhesu at y dasg.

Ac yn sain dyblu cytgan *O! deuwch ffyddloniaid* y drachtiai Saran yn awchus o'r hylif tywyll Gwyddelig a oedd yn gydymaith mor berffaith i frechdanau ham cartre a mwstard Al. Wedi ei gwasgu'n ddigon cyffordus rhwng Idw a Cris – roedd Jon B yn ddwfn mewn sgwrs gyda'r bardd tafarn a phrif leisydd y grŵp *Blew Ci* – canolbwyntiai ar y bwyd ac ar ailadfer rhyw gymaint o'i hegni. Manteisio ar y ffaith nad oedd dim posib' cynnal sgwrs gall iawn yng nghanol y fath sŵn i ymlacio a cheisio gwagio ei meddwl yn llwyr.

'Duw! Maen nhw'n dy ollwng di allan yn y pnawnia

rŵan, Saran! Gweld dy fod ti'n cadw cwmni dipyn mwy sidêt na'r un oeddat ti'n holi amdano fo'r tro dwaetha!'

Roedd Alun wedi hen berffeithio'r grefft o godi ei lais i lefel digon uchel i gael ei glywed. Amneidiodd arno heb drio ei efelychu nac ymhelaethu ymhellach, dim ond codi tamaid o uchelwydd oddi ar y bwrdd a'i osod ym mhoced ei grys lliwgar fel arwydd o'i diolch.

'Sgin ti ddim mwy o hwnna mae'n siŵr?'

Roedd Idw hefyd wedi dechrau ymlacio ac yn bygwth mynd i hwyl. Bachu ar y cyfle fod Cris wedi mynd at y bar.

'Sut mae Nora?'

'Rhwbath 'run fath 'sti. Mi fydd yn well y munud y bydd yr hen hwrli-bwrli 'ma drosodd. Ac mi rydw i wedi bod yn meddwl o ddifri am riteirio. Cadw fy llaw i mewn hefo rhyw gymaint o waith *free lance*. Mi rydan ni wedi bod yn how-drafod codi'n pac, cael cychwyn newydd, chwilio am rywle yng ngolwg y môr.'

'Dim y Costa Geriatrica!'

'Naci. Nefar! Meddwl am Ben Llŷn oeddan ni a deud y gwir.'

'Dewis da iawn os ga'i ddeud, Idw. Y lle gora gewch chi am ysbrydoliaeth.'

'Ia. Mae'n siŵr dy fod ti'n iawn, 'rhen goes. Ti'n siŵr o fod yn iawn.'

Fu fawr o drefn wedyn ar waith y prynhawn ond gyda Gwilym Gol a Merfyn yn cael eu bwydo a'u dyfrio'n hael gan y *Rotary* am weddill y diwrnod doedd neb yn poeni'n ormodol a'r criw yn falch o'r cyfle am seibiant, waeth pa mor fychan, tae o ond i wneud rhywfaint o glirio a chael cip sydyn ar wyneb diarth, gwag eu desgiau.

Gadael y swyddfa ychydig ynghynt a phicio i ganol y dref i wneud rhyw gymaint o siopa Dolig munud olaf ac i brynu bwyd ar gyfer croesawu Gwyn yn ei ôl. Gobeithiai fod adre erbyn tua wyth yn ôl ei neges i'r swyddfa.

Pendroni uwch ben yr *eau de toilettes* a'r hylifau croen yn *Boots* oedd hi pan glywodd lais cyfarwydd, ond diarth ers peth amser, yn ei chyfarch. Cydiai Janice Price mewn pecyn o *baby gros* a thegan meddal amryliw, ei gruddiau yn sgleinio ac awgrym yn ei llygaid ei bod hi'n dechrau ailafael mewn bywyd. Roedd ei greddf wedi bod yn hollol gywir felly, diolch i'r drefn.

'Debbie, cariad Dean. Mi alwodd draw heddiw. Mae hi'n disgw'l babi yn y gwanwyn! Mae'r beth bach wedi colli ei mam ers tro ond mae hi'n gwbod bod ganddi hi gefn rŵan, ia. Graduras, roedd hi'n reit nyrfys pan wnes i agor y drws gynta. Ond ro'n i mor falch ei bod hi'n teimlo ei bod hi'n medru galw arna' i. Ac mae o'n ffordd o gadw'r co' am Dean yn fyw tydi? Dim ond gobeithio y bydd 'i gyw o'n cysgu dipyn gwell na fo, myn uffar i. Mi sgrechiodd Dean am dri mis solat... colic...'

Yn cydio'n dynnach ym mhresantau ei gobaith newydd ac yn ei throi hi am y *till* rhag iddi ddechrau hel gormod o atgofion a meddyliau. Ond nid cyn rhannu pwt arall o newyddion. 'Mi glywish i heddiw y bydd cês y ddamwain o flaen y cwrt cyn diwedd Ionawr. Mi fydd hynny'n help i mi symud 'mlaen 'fyd. Dolig Llawan, Saran, a llawar ohonyn nhw, ia.'

Roedd y fflat yn wag ac oer. Dim byd wedi ei gyffwrdd ers iddi ruthro allan y bore 'ma. Cysgu'n hwyr. Hwyr iawn. Dyheu am gael troi drosodd a chael swatio yn y nyth bach cynnes a greodd iddi hi ei hun dros nos. Dim ond dau fore arall o waith tan y gwyliau a hithau'n methu â'u gweld nhw'n mynd yn hanner ddigon buan.

Taniodd y tân nwy, tynnu'r bleinds, rhoi'r tecell a'r dŵr poeth ymlaen. Roedd ganddi hen ddigon o amser i socian yn y bath cyn dechrau ar y coginio. Tyrchodd yng nghilfachau pellaf ei bag am ei nofel. Gyda lwc gallai orffen honno hefyd. Roedd rhyw ugain tudalen yn weddill a'r digwydd yn cyrraedd ei anterth, o'r diwedd.

Ffonio ei mam a chael gwybod fod yr ysbyty'n ddigon bodlon i'w thad ddod adre am y Dolig cyn belled â'i fod o'n peidio â'i gor-wneud hi. 'Er, sut maen nhw'n disgwyl i dy dad druan wneud unrhyw beth arall, wn i ddim!' meddai gan chwerthin yn ysgafn.

Edrychai Saran ymlaen at gael bod efo nhw ar ddiwrnod Nadolig. Bu'n bwriadol osgoi meddwl am y peth byth ers iddyn nhw fod yn trafod y trefniadau rai wythnosau'n ôl. Ond roedd y mynydd a ymddangosai mor anodd i'w ddringo ar un adeg bellach yn fryncyn mwynach ac eleni, am y tro cyntaf ers iddo farw, penderfynodd y byddai'n ymweld â bedd Llion ym mynwent Bethania a gosod ei thorch Nadoligaidd ei hun arno.

Bu'r ffôn yn canu am rai eiliadau heb iddi sylwi mae'n rhaid oherwydd, fel roedd hi'n dechrau meddwl am lusgo ei hun trwy'r llanast a chwilota amdano yng nghanol y chwalfa clywai ei llais ei hun yn adrodd y neges gyfarwydd: 'Helo!

Dydi Jan a Meic ddim adre ar hyn o bryd ond os hoffech chi adael neges...'

Ac yna'r sibrwd, caruaidd bron, fel llaw farwaidd, laith ar groen cynnes, yn ias a wnâi iddi sgrytian drwyddi a hithau'n lapio ei breichiau'n bathetig amdani ei hun, yn creu rhyw fath o amddiffynfa rhag ei eiriau ffiaidd a'r rheini'n byrlymu'n un llif, yn ei threisio'n feddyliol, drosodd a throsodd, fel dŵr yn drip-drip-dripian yn ddi-baid hyd furiau lleidiog ogof dywyll.

'Ti'n licio'r gwaith celf? Del tydi? Gweddu i'r dim i liw dy gyfrinach ddyfna' di tydi? Ond paid ti â meddwl mai dyma'r gorau y medra'i ei wneud, yr ast falch! Dydw i ddim wedi gorffen hefo ti eto. Dim o bell ffordd. Dim ond dechrau ydi hyn, yli. Dim ond dechra. A phan ga'i afael ynot ti...'

'Dewch ta! Gwnewch eich gwaetha!' Clywai ei hun yn sgrechian yn orffwyll. 'Fedra'i ddim diodda mwy o hyn. Dewch! Dwi'n disgwyl amdanoch chi!'

Gwelai ei hun yn rhuthro am y gegin, yn cydio yn y gyllell finiocaf y gallai gael gafael ynddi, cyn rhuthro allan drwy'r drws i wynebu ei herlidiwr...

Roedd arogl coginio bendigedig yn ei groesawu wrth iddo gyrraedd y trothwy, y lle yn edrych yn glyd a chynnes a Gwyn Jenkins yn falch o gael rhoi ei bwn i lawr wedi ei siwrne droellog, araf o Geredigion. Ei fam wedi mynnu ei fod e'n mynd â chacen a phlwm pwdin cartre 'yn ôl sha'r North', heb anghofio'r anrhegion hael arferol. Y car – a'i freichie – yn gwegian.

Gwthio'r drws ar agor. Chwilio amdani yn y 'stafell fyw. Dim golwg ohoni. Y gegin mewn tywyllwch. Felly hefyd y 'stafell molchi. Ei chael yn cysgu'n ddwfn ar wyneb y gwely, ei hwyneb yn loyw, laith wedi'r bath, pob gewyn yn ei chorff yn feddal, lac, a hithau'n edrych yn ddim tamed hŷn na deunaw. Ei 'gŵn nos Mam-gu' wedi ei lapio'n glòs amdani. Dadgysylltu'r llyfr agored o'i llaw yn hamddenol, ofalus. Fyddai dim angen gosod y ddalen nodyn yn ei lle y tro yma. Dim ond un dudalen oedd ganddi'n weddill yn ôl pob golwg.

Eistedd wrth erchwyn y gwely a syllu'n dyner ar ei ddarpar wraig. Gobeithiai â'i holl galon y byddai yn ei dderbyn. Gyda'i gilydd, ac er gwaethaf ansicrwydd sigledig y dyddie diwethaf hyn, roedd e'n daer am iddyn nhw lwyddo. Roedd e'n sicr bellach y gallen nhw lwyddo. Mai dyna oedd e'n wir ei foyn.

A rhag ei fod e'n gwastraffu eiliad arall cyn rhannu'r newyddion arbennig hyn â hi, plygodd i gusanu'r cwsg yn ysgafn o'i llygaid. Sibrwd yn garuaidd yn ei chlust. 'Saran 'chan! Rwy' gartre...'